新復活

医学の「常識」を超えた奇跡の力

大川隆法
Ryuho Okawa

The New Resurrection

まえがき

これは現代の神話である。

しかも著者自身が十五年ほど前に体験した内容だ。

自分の「死」を現実のものとして意識した人間が、真なる「復活」を遂《と》げるまでの話である。

おそらく現代医学の「常識」は完全に超えている。

当時の妻までが、著者の当日の「死」を信じ、医者も断定していたのだから。

医学雑誌には、性別・年齢・職業を変えて私の症例が載っている。

二〇〇四年五月十四日に、心筋梗塞《しんきんこうそく》を起こして死んでいたはずの私は、『仏《ぶっ》説《せつ》・正心法語《しょうしんほうご》』のＣＤを三十分ほど聴いて横になったが、その後、立ち上がり、翌日軽い検査のつもりで病院に行ったら、即入院。心臓の移植でもしなければ、当日昇天とのことであった。その翌日は、まだ生きていたので、年内昇天率九〇%になって、一生病院から出さないと医者は告げた。十五年が過ぎ、幽霊になっているはずの私は、年内に三千回目の説法を目指している。

誰の身にも同じことが起きるとは思っていない。

今秋十月十八日公開ロードショーで『世界から希望が消えたなら。』の実写映画が全国にかかる。孤独の中の英雄《ヒーロー》の姿を描いたつもりだ。全ての人たちに、希望と勇気を与えられたらと思う。

二〇一九年　八月十五日

幸福《こうふく》の科学《かがく》グループ創始者兼総裁《そうししゃけんそうさい》　大川隆法《おおかわりゅうほう》

※二〇二三年五月現在、累計の説法回数は三千五百回を超える。

新復活　目次

第1章　新復活

――宗教的信仰《しんこう》vs.医学・学歴信仰――

二〇一九年四月二十三日　説法《せっぽう》
幸福の科学　特別説法堂にて

第2章　大病と人生の使命

――質疑応答――

二〇一九年四月二十三日
幸福の科学 特別説法堂にて

〈特別付録〉一日一生、不惜身命

――大川隆法　伝道の軌跡《きせき》

幸福の科学総合本部 編

121

第1章

新復活

――宗教的信仰《しんこう》vs.医学・学歴信仰――

二〇一九年四月二十三日　説法《せっぽう》

幸福の科学　特別説法堂にて

1　大川隆法の闘病《とうびょう》実話がもとになった映画「世界から希望が消えたなら。」

映画のもとになった実際の事実を話す

本章のテーマは、実は、今年（二〇一九年）の秋に公開予定の映画「世界から希望が消えたなら。」（製作総指揮・大川隆法、二〇一九年十月公開）に出てくるテーマです。

そのなかには、主人公である御祖真《みおやまこと》が、トルストイの『復活』という本を手に取りながら病《やまい》に倒《たお》れ、闘病《とうびょう》している場面が出てきますし、回復したあとに『新復活』という本を出すシーンも出てきます。また、「新復活」という題の主題歌がエンディングで流れることになっています。

この映画では、『新復活』という本を、主人公の御祖真が書いていることになっているので、それに関する事実を話しておいてもよいのではないかと思います。

実際に私が入院したのは、もう十五年も前（二〇〇四年）のことになるので、記憶《きおく》はどんどん薄《うす》れていきますし、人も替《か》わっていきます。まだ幼くて、当時のことを知らなかった方も、どんどん幸福の科学の職員や活動家になってきているので、折に触《ふ》れて、ターニングポイントについての話をすることが必要なのではないかと思うのです。

私自身についても、記憶がだんだんと薄れつつあるので、忘れる前に記録にとどめておかねばならないものもあるかと考えています。

実際に起きた事実であっても、現在、自分が置かれている状況《じょうきょう》に応じて、いろいろと「解釈《かいしゃく》」や「意味づけ」が変わってくる面もありますし、それに関係した人たちも、その後のいろいろな事情により、距離感《きょり》に「近い、遠い」が出てきたので、「位置づけ」が変わっていったりすることもあるのではないかと思っています。

十五年たって、それに関する映画をつくるに際し、私の感想も含《ふく》めて、「どのような新復活であったのか」ということを簡単にお話しできれば幸いだと思っています。

大川隆法は退社・独立後、ベストセラー作家として出版社を起こした

私は一九八一年に天上界《てんじょうかい》からの啓示《けいじ》を受けました。そして、一九八六年に、退社・独立するように指導霊《しどうれい》から促《うなが》され、自分も決意をして、七月七日、満三十歳《さい》になる日に、退職の依頼《いらい》というか、辞表を会社に提出しました。

ただ、それを会社のほうはなかなか受け取ってはくれませんでした。課長は

「とても受け取れない」と言い、部長も「とても」ということで、上へ上へと上がり、副社長のところまで行き、何度も揉《も》めた上で、ようやく退社が認められたのです。

規定上、辞表を出せば、いちおう一週間で辞《や》められることになってはいたので、七月十五日付で退社することになりました。この経緯《けいい》については、さまざまなところで書いたり話したりしてきたように、準備は十分にできてはいなかったのですが、退社して独立したわけです。

この映画には、そのあたりも絡《から》んで出てきます。

私の場合も、（この映画の主人公のように）本を出して、だんだんにファンが集まってきました。最初は、「宗教家」というかたちではなく、「ベストセラー作家」というかたちで、出版社を起こしていくスタイルから始まっています。

実際には、最初から宗教家として世間《せけん》に受け取られても構わなかったのですが、幸福の科学が宗教法人格を取得するまでの間、私は、どちらかというと、ベストセラー作家的な位置づけにされることも多く、そのような扱《あつか》い方をされていたことは事実です。

最初に「幸福の科学出版株式会社」をつくり、その株式会社の法人格で、いろいろな契約《けいやく》等もしていました。五年ぐらいかかって宗教法人としての法人格を取得しました（一九九一年三月七日に取得）が、それまでの五年間ぐらいは、契約を全部、株式会社でやっていたのです。

自分としても、霊言《れいげん》が降りているので、「宗教家」というイメージもありましたけれども、「ベストセラー作家」的なイメージもあり、世間の捉《とら》え方も、だいたい、そういう感じであったのではないかと思います。当時はまだ、「作家イメージを出したほうが、人気が出て、人が集まりやすいかな」と思っていた面もあります。

当時は「高額納税者番付《ばんづけ》」の発表をしていたころで、私はいつも作家部門のほうで申請《しんせい》していたのですが、作家部門には入れてもらえず、毎回、「その他部門」のほうに分類されていました。その他部門に入るのは文化人などです。「本を書いているだけではなく、講演会など、ほかの活動もなされていますから」ということで、その他のほうに分類されたのです。

そのため、日本画家で東京藝術《げいじゅつ》大学の学長をしていた平山郁夫《ひらやまいくお》さんや、茶道裏《さどううら》千家《せんけ》の千宗室《せんそうしつ》さんなど、このような人たちと並べられ、その他部門で出ていたのですが、それはそれで悪くはないだろうと思います。

後半においては、若手歌手の宇多田《うただ》ヒカルさんとか（歌手部門）、ＡＫＢ48の曲の歌詞も書いている秋元康《あきもとやすし》さんとか、あのあたりとだいたい並んで出ていました。

当時は、二、三億円ぐらい、個人で所得税を払《はら》っていたと思います。

著書が売れて、中核《ちゅうかく》の読者たちが信者になっていった

ある意味で新宗教はイメージが悪く、幸福の科学が出てきてから、それをプラスイメージに変えようとして、そうとう頑張《がんば》ってはいたのです。

戦後、新興宗教や新宗教のイメージはずいぶん悪く、活動しにくい面がそうとうありましたし、私が会社勤めをしていたときにも、そのようなイメージはありました。

そのため、「本のほうから攻《せ》めていく」ということについては、「上手な攻め方だ」と、周《まわ》りも、マスコミ関係者やジャーナリストたちも言っていました。「活字の信用を通じて広げていくのは賢《かしこ》いやり方ではないか」と言われてはいたのです。

普通《ふつう》の宗教の場合、「もうすでに信者がいて、出した本を信者に買ってもらう」というイメージが強いため、作家の側から見れば、「同じではない」という言い

方が多いのだと思います。

しかし、私の場合は、「信者がいないときに本を出し、その愛読者が増えていき、愛読者のレベルを超《こ》えて信者になっていった」という歴史であったので、何らやましいところはなく、宗教であることをごまかそうとしたつもりはないのです。

実際に本が売れ、中核《ちゅうかく》の読者たちが信者になっていきました。それが事実です。最初のころに私の本を読んでいた人は、ほぼ信者になったのではないでしょうか。最初の核ができたあたり、核としての信者が一万人か一万五千人ぐらいできたころは、初期の数年の愛読者が信者の中心だったのではないかと思います。

その意味での吸引力《きゅういんりょく》は、そうとうあったのではないでしょうか。実際、手紙等はそうとう来ていました。

ただ、私の場合、やや慎重《しんちょう》な性格でしたし、合理的思考ができたこともあって、「スタート点では、やや用心深《ようじんぶか》かったかな」と自分では思っています。

「中年期を迎《むか》えた方々が背負っている重み」をも描《えが》いた映画

（私の人生における）節目《ふしめ》は幾《いく》つかあります。「霊的現象が起き始めたころ」「退社・独立して、幸福の科学を立てようとしたころ」「当会が宗教法人格を取得したころ」「結婚《けっこん》したころ」など、節目は幾つかあったかと思います。

今回の映画では、「主人公が退社・独立をして、ベストセラーを書く。その間に結婚し、子供たちができて家庭ができる」、そして、「仕事がだんだん大きくなっていくという過程で生まれてくる葛藤《かっとう》」のようなものも中心に据《す》えています。

ある意味では、宗教家の自伝の一部というより、「一般《いっぱん》の方々のうち、中年期を迎《むか》えた、管理職になる年齢《ねんれい》あたりの方々が背負っている重み」というものを描《えが》いてもいます。そのため、観《み》ていて共感《きょうかん》なさる方も多いのではないかと思います。

「四十代ぐらいで病気をした人が、退院してから仕事で復活できるかどうか」

ということと重ね合わせて観る方も、おそらくいらっしゃると思います。

さらには、もう一段、主人公の使命感が重くなり、病気治しをしたり、世界の平和のために「宗教の融合《ゆうごう》」を唱《とな》えて活動したりするところまで踏《ふ》み込《こ》んでいっているので、ある意味では、「（私が新復活して）その後の十五年間の部分」が〝短縮形〟で少し入っているのではないかと思います。

2 心臓発作《ほっさ》が起きた二〇〇四年五月十四日

実際の病状は映画よりも、もっと悪かった

実際の出来事は、二〇〇四年五月十四日に起こり、その翌日（土曜日）に病院へ行って、いきなり入院させられてしまったあたりから始まります。

映画「世界から希望が消えたなら。」では、「まったく何も（苦痛が）ないように見えるのも困るから」ということで、いちおう、多少〝苦しんで〟いるように演技をしてくださっていると思います。ピンピンしていたら映画にならないので、それなりにやってくださっていると思うのです。

ただ、「現実はどうだったか」というと、現実の体の状態というか病気的な症《しょう》

状《じょう》は、映画で描《えが》かれているより〝もっと悪かった〟はずです。しかし、現実の私は、映画で描かれているより、〝もっと悪くない〟ような状態で生きていたのです。

私は、病院での検査というものを何十年も受けていませんでした。病院に入って、「かつてのカルテとか診断《しんだん》の記録とか、何かありませんか」と訊《き》かれ、「何もございません」と言うと、「ええっ、四十七歳《さい》にして、病院の記録が何もないなんて人がいるんですか」という感じで驚《おどろ》かれました。

「今までの検査結果とか、何かあるでしょう」と言われ、「いや、まったくありません。病院は嫌《きら》いなので、行っていなかったのです」と答えたら、医者のほうはショックを受けたようで、「なぜ、いきなり、こんな状態でやって来るのか」というような感じではあったと思います。

体の不具合を何年間も「心の力」でカバーしていた

ただ、おそらく、客観的には、その数年前から、普通《ふつう》の人なら痛みを訴《うった》えたり苦しんだりするような状態であったのではないでしょうか。たぶん、そうだろうと思うのです。

しかし、私の場合、仕事がずっと重かったので、「こんなことは当たり前だ」と考えていたところがあったと思います。苦しかったり、体力が回復しなかったり、体が重くなったりすることがあっても、それを「当然のことだ」と思っていたので、慣れていたというか、普通のことのように思っていたのかもしれません。

そのため、病院に入ったあと、医者から、「そうとう我慢《がまん》しているんじゃないですか」というようなことをずいぶん言われました。

私が医者から言われたことで、何がいちばんこたえたかというと、「頑張《がんば》らないでください」という言葉です。これを言われたのが、いちばんこたえたような気がするのです。

それは、要するに、「病人らしくせよ」ということなのだろうと思います。

おそらく、私の場合、「自分自身の支配者は、自分の心である」という気持ちが強く、肉体にいろいろな変化や不具合があったりしても、「心で支配する。心が自分の王者である」という気持ちが強かったので、心のほうの力はけっこう強かったのでしょう。

振《ふ》り返ってみると、当時は、大講演会を行《おこな》ったりしたあとはバターンと倒《たお》れて、四日ぐらい寝《ね》たきりのような感じになり、動かないことが多かったのです。それが現在では、幕張《まくはり》メッセや、さいたまスーパーアリーナ、東京ドームなどで講演をしても、翌日ぐらいには出てきて、また話したりしても平気なのです。

これを見れば、おそらく、昔は今よりもっと体が悪かったのではないかと思います。

四日間、死んだように寝込《こ》んでいても、「これが普通だ」と思っていたのですが、今は講演のあともわりに平気で、翌日も何か仕事をやっているので、昔のほうが普通ではなかったのかもしれません。ほかの人のことは分からないのですが、「普通ではなかったのではないか」と思います。ただ、当時はそういうことに慣れていたのです。

入院の一週間前には、那須《なす》の施設《しせつ》予定地を歩いて視察

私は入院する一週間ぐらい前に、現在では幸福の科学学園の那須《なす》校も併設《へいせつ》している、総本山《そうほんざん》・那須精舎《しょうじゃ》が落慶《らっけい》する直前ということで視察に行き、ゴルフ場の跡《あと》地《ち》であった境内《けいだい》を歩いて回ったりしました。

そのときは五月で、私はブレザーを着ていたのですが、ブレザーがはち切れる

ような感じがしたというか、全体にピチピチになって体が入り切らず、「あれ？　上半身が少し〝発展〟したのかな」と感じて、「うーん。太ったのかなあ。体重が増えたかな」と思ったことを覚えています。

つまり、医者から「あなたは死体だ」と言われる一週間ぐらい前に、実は、三十万坪《つぼ》もある傾斜《けいしゃ》の多い那須精舎の敷地《しきち》を私は見て回っていたのです。カートも一部で使いましたけれども、〝死体〟になる直前の人が歩いて回ったわけですから、自分では、それほど体が悪いとは思っていなかったのでしょう。

ただ、服がピチピチする感じというか、体が服から溢《あふ》れそうな感じはあったので、「もしかしたら、少し太ったかな」とは思いましたが、「体に水が溜《た》まっている」ということは、その当時は分かっていませんでした。

入院の前日に生じた心臓の大きな異変

そして、病院に行く前日の五月十四日、私は午前中に総合本部へ出かけていきました。人事異動の話で、いろいろと揉《も》めていたからです。それは、理事長、それから総合本部長等のところです。総合本部長を替《か》える人事異動をやったところ、そのあたりでやや議論がありました。普通は私は行かないのですが、やや紛争《ふんそう》気味だったので、五月十四日の午前中に出かけていき、話をしました。

そして、帰ってくる途中《とちゅう》、車のなかで、調子が悪いというか、今までに感じたことのないものを感じました。

この表現の仕方は、もしかしたら、医者に対してはよくなかったのかもしれませんが、そのときのことを、私は、「カラスの足の爪《つめ》が食い込んで心臓を絞《し》めるような感じの痛みが、帰りの車のなかで起きた」というように言ったのです。

そのとき、私は車中で、「『仏説《ぶっせつ》・正心法語《しょうしんほうご》』（のＣＤ）をかけてくれるか」と言って、『仏説・正心法語』をかけてもらい、家に辿《たど》り着いてから、いちおう付き添《そ》ってもらって寝室《しんしつ》まで行き、『仏説・正心法語』をかけたまま三十分ぐらい寝ていました。そうすると、いちおう平静になってきたので、「いけるかな」と思いました。

そのあと、昼ご飯《はん》や晩ご飯を食べるときには、通常どおり、すべて歩いていました。

ただ、「来週の月曜日ぐらいに、一回、健康診断を受けたほうがいいのかな。もうそろそろ、そういう年齢《ねんれい》だから、一回、受けたほうがいいのかもしれない。病院には行きたくないけれども、一回ぐらい行こうかな。土日にはやっていないだろうから（月曜日に行こうかな）」と思ってはいたのです。

病院で検査後、手に負えず、別の病院に救急車で搬送《はんそう》

しかし、翌日の土曜日の朝、起きて庭を散歩し、石段のところを歩いていると、特に病変があったわけではないのですが、何となく、「すぐに検査を受けたほうがいいのかな」と感じました。それで、「月曜日ではなく、今日、検査に行こう」と思い、病院に行ったのです。

病院に行き、検査を受けて各部門を回るときは、ずっと歩かされていました。

そして、終わりのほうで心電図検査の部屋に行くと、上半身の服を脱《ぬ》がされ、電極をたくさん体に貼《は》り付けられました。心電図を素人《しろうと》が見ても何だかさっぱり分かりませんが、そのグラフを見ているうちに、医師の顔色が真《ま》っ青《さお》に変わってき始めたのです。

そして、当時の家内が付き添いで来ていたのですが、「ご家族の方はいますか」

と言われ、部屋の外に出て医師と話をしていました。

そのときに、医師から、「これは大変なことです。うちの病院では、とてもじゃないけど、もう、どうにもなりません。オペ（手術）も不可能ですので、もっと大きな病院へ行ってください」と言われたそうです。

そして、「病院から病院への搬送《はんそう》には、救急車を使うことになっています」と言われました。それまで歩いて検査を受けていた人が、いきなり救急車に放り込まれ、サイレンを鳴らされながら救急車で運ばれたのです。

これは映画では観《み》たことがありますが、自分が体験するのは初めてで、「なぜ、こんなことをしなくてはいけないのか」が分からない状態だったのですが、土曜日の午後に、別の大きな病院に搬入されました。

3　医学的にはすでに「死んでいたはず」

「心臓が収縮していない」「血液が送れていない」

そこには心臓病の権威《けんい》の方もいました。その先生は、月に一回ぐらい、土曜日の午後に病院でセミナー風に話をしておられ、その日も午後二時から四時にかけて話す予定だったのですが、「大川隆法という人が倒《たお》れて運び込《こ》まれた」ということで、急遽《きゅうきょ》、そのセミナーをキャンセルし、診《み》に来られました。

私は、半分ぐらいベッドを起こされ、金属板《きんぞくばん》か何か知りませんが、後ろに板を入れ、レントゲン室まで行かずに、ベッドの上でX線を当ててレントゲン写真を撮《と》られました。

それを私に見せながら、医師は、「心臓から肺まで真っ白になっているでしょう？　この白いものは何か分かりますか。これは水なんです。心臓から肺まで水が溢《あふ》れている状態なんです」と言ったのです。

さらに、「心臓の下を見たら分かると思いますが、これだけ、水でいっぱいになっていますから、もう、心臓が収縮していないんです」「心臓が収縮していないということは、血液が送れていないということなんですよ」「血液が送れていないということは、どういうことか分かりますか。これは、死んでいる人と同じだということなんですよ」と言うわけです。

私は、「ああ、なるほど」と言いながら聞いていたのですが、聞いている私のほうは意識がしっかりしているので、「うーん、血液が流れない……。うん？」というように、どういうことなのかさっぱり分からない状態ではありました。

そのとき、もう一人の医師は、「カテーテルの準備をしてありますから、即《そく》、手術しましょう」というような感じだったのですが、私には、何を言っているのかさっぱり分からなかったのです。

なぜなら、私は先ほどまで、歩いて各種の検査を受けていたので、いきなり、「もう、死んだも同然です」というようなことを言われても、意味不明で、いったい何を言っているのかが分からなかったわけです。

点滴《てんてき》をされ、尿道《にょうどう》にチューブを差し込《こ》まれる

ただ、とりあえず、そのときに言われたのが、「とにかく、水抜《ぬ》きはしなくてはいけない。体から水を出さなくてはいけない」ということでした。そのため、〝節水〟をさせられました。要するに、水はあまり飲まないようにさせられたのです。ただ、左腕《ひだりうで》に点滴《てんてき》を入れられていたので、水は体に入ってはいました。

病院というのは、すぐに点滴をするので本当に困ります。点滴を長くされたため、

その後、左手の力が落ち、なかなか機能が回復しなくて、しばらく困ったのです。

また、点滴をされると尿《にょう》が出ます。そうなると、いちいちトイレに行けないので、導尿管を尿道に差し込《こ》まれるのですが、あれは痛いです。そうしたチューブを差し込まれ、尿袋《にょうぶくろ》のようなものを付けられて、ぶら下げられるのです。それで、「尿がいっぱいになったら取り換《か》える」と言うのですが、あれは屈辱《くつじょく》です。ほかに、もう少しよい方法を考えてくれるとありがたいと思います。

映画「世界から希望が消えたなら。」では、さすがに、そこまでは描《えが》いていませんが、主演をやった人に、尿道にブスッとチューブを差し込むところを一回やらせてみたかったと思う気持ちもあります（笑）。「痛い！」と言って飛び上がるところを一回やっていただきたかったとも思いますが、実際、すごく痛いのです。

どう見ても、差し込むチューブのほうが尿道より太いので、あのようなものを差し込まれたらたまりませんが、向こうは、それで、勝手に排尿《はいにょう》させることができますから、楽なのでしょう。

そのように、点滴をされ、導尿管を差し込まれると、基本的に動けなくなるので、ベッドに寝《ね》かせつけられる状態にはなります。しかし、まだ自分では、それほど「（病状が）悪い」という意識はなかったのです。

実際は、医師が「これで生きているはずがない」と驚《おどろ》く状況《じょうきょう》だった

ともあれ、いろいろな検査の結果、医師は、「普通《ふつう》、これで生きているはずがない」という診断《しんだん》を下したのですが、やはり、私は、言っていることの意味が分かりませんでした。

なぜなら、前日まで、その体でやっていたからです。確かに、心臓をカラスの足でつかまれるような感じがあったのは事実です。しかし、『正心法語《しょうしんほうご》』のＣＤをかけたら、それは治まりました。したがって、それで治ったと思ったのです。

そういう意味で、こちらは、「心臓の不調なのか、霊的《れいてき》なものなのか」がよく分からなかったわけです。というのも、当時、短い間ですが理事長をやった人が、カラス天狗《てんぐ》の化身《けしん》のような人で、人事異動のときに、その人との（霊的な）戦いがあったからです。

そのため、こちらも、そうした「霊的なもの」と「医学的なもの」との区別がよくつかなくて困ったのですが、医者のほうは、「カラスの爪《つめ》でつかまれたような感じというのは、間違《まちが》いなく心筋梗塞《しんきんこうそく》の症状《しょうじょう》だ。前の日の朝、庭を歩いていたときに、あなたは死んでいるはずだ」と言うのです。

もっとも、そのような仮定法は、あまり理解できないものだとは思います。それでも医者は、「心筋梗塞が起きて、翌日に生きているはずがない」と言うのです。

しかし、私は、そのあと、昼ご飯《はん》も晩ご飯も自分で食堂に歩いていって食べているので、そう言われても意味不明なのですが、「医学的には、そこで倒れて死んでいるはずだ」と言うわけです。

ただ、映画「世界から希望が消えたなら。」では、ある程度、観《み》る人が納得《なっとく》できるレベルで描いているため、事実そのままに描けてはいません。

「心筋梗塞《しんきんこうそく》、心不全《しんふぜん》、肺水腫《はいすいしゅ》、無痛性狭心症《むつうせいきょうしんしょう》……」

いずれにせよ、それで私は入院したわけですが、「本当に調子が悪いのかな」と思ったのは、そのあと、車椅子《くるまいす》に乗せてもらい、自分で車椅子用のトイレに行って用を足そうとしたときでした。

そのときに、多少、普通と違う感じがあったというか、やや苦しい感じがしたので、「あれっ、やはり、普通ではないのかな」と思ったのが、その日の感じだったと思います。

ただ、映画にも出てくると思いますが、家族には、その日の夕方の段階で、

（医者から）「もう終わっています。夜は越《こ》せないでしょう」ということを言われていたようです。ていると言われているような状態だったのです。

医者のほうも悩乱《のうらん》していて、もう、いろいろなことを言っていました。私も、「心筋梗塞《しんきんこうそく》」ぐらいは分かるものの、初めて聞くような病名が多かったので、よく分からなかったのですが、「心不全《しんふぜん》」に「肺水腫《はいすいしゅ》」と言われました。心臓が十分に動いていないのは「心不全」で、「肺が水でいっぱいになった」というのは肺水腫なのでしょう。

そのほかには、「狭心症《きょうしんしょう》」もあとで付け加えられたのですが、医学というのは便利なもので、「無痛性《むつうせい》狭心症」などという名前を付けられました。「痛くなかった」と私が言い張るものですから、「無痛性狭心症」になったのでしょうが、「そんな病気があっていいんですか」という感じもします。

その意味では、「無痛性心筋梗塞」もあるのかもしれませんが、私は「無痛性狭心症」ということになっているらしいのです。ただ、向こうも、首をひねってはいました。

たぶん、客観的なデータとしては、それに近い状態だったのだろうとは思います。おそらく、その症状は、もう何年も前からあって、その状態で仕事をしていたのだろうと思うのです。

もし、普通の人が私のような講演会などをやっていたら、もう、何回死んでもおかしくなかったのかもしれません。そのような状態だったにもかかわらず、私はそうはなっていなかったということです。

入院中に食事や読書をして、周《まわ》りの人はギョッとしていた

それで、病院に入ったときに体重を量《はか》ったのですが、歩いて移動させられないため、体を吊《つ》り上げられました。何か、昔の秤《はかり》のようですが、ビニールをかけら

れて、上から吊って体重を量られたのです。魚ではありませんが、大きなマグロを吊って目方《めかた》を量るような感じで、ベッドの上で量られたのを覚えています。

そして、〝七十三キロの大物〟ということで、「五、六キロは体重を落とさないと困ります」と言われました。実際、その後、六十六キロを切ったぐらいのところで退院したのではないかと思いますが、とにかく、体重を下げようとはしていました。

ただ、ご飯は、家のご飯より、病院のご飯のほうがよかったような感じがします。というのも、家より、もっといっぱいご飯が出るわけです。「普段はこんなに食べていないのに、おかしいな」と思うくらい、病院のご飯のほうが量が多いのです。そのため、「これを食べていたら体重が増えるのではないか」と私は心配したのですが、それくらい出ていたように思います。

当時は、そのような状態で、医者のほうと私のほうとの見解は、かなり相違《そうい》していました。ただ、（私の体に）何かがあったことは事実でしょう。

とはいえ、そのときには、もう、指導霊としてイエス・キリストとエドガー・ケイシーが来ていたので話を聞いたところ、二人とも「一週間か十日前後で退院できるだろう」ということだったのです。

そのため、私はそのつもりで、ルンルンと次の仕事の準備にかかったりしていたのですが、周《まわ》りは全然違う状況《じょうきょう》で、「この人は、どうなっているの？」というように、何か〝化《ば》け物〟でも見るような目で見ている感じでした。

例えば、病院に入院したら、規則なので、ご飯は早く出ます。いちおう、夕方の五時ぐらいには配膳《はいぜん》されてくるのですが、私がベッドを半分起こしてご飯を食べていると、看護師は、自分で出しておきながら、食べている私を見てギョッとしているのです。食べてほしいから出したはずなのに、食べていたら、「なんで食べているの」というような感じで、まるで、化け物を見ているようにギョッとしているわけです。

また、私は、文庫本を持ってきて読んだり、仏教の本を勉強したりしていました。そのため、それについても、みなギョッとしていたようです。

前妻は、実際に「あなたは死体だ」と繰《く》り返し言っていた

そして、夕方の六時ごろに家族が来たのですが、どうも、「最後のお別れ」というかたちで来ていたようです。映画「世界から希望が消えたなら。」の〝ネタばらし〟になるといけないので、あまり言えませんが、どうも、そういう趣旨《しゅし》だったらしいのです。

なお、当時の妻は〝正直〟な人でした。そのため、「言ってはいけない」と言われても、よく言葉に出ていたのですが、そのころの台詞《せりふ》を映画（の脚本《きゃくほん》）に埋《う》め込むと、それを読んだ映画関係者がみな、「こんなことはありえない」と言うのです。

映画のなかでは、〝本当の言葉〟がたくさん使われているのですが、「こんなことを、人間が言うはずがない。ましてや、奥《おく》さんが、こんな言葉は絶対に使わない。医者も、こんな言葉を使わない」と、みな言うわけです。

そのように、（脚本等を見た）医療《いりょう》関係者から映画関係者まで、みな、「ありえない」と言って、台詞を変えようとするので、私は「それは実際に使われた言葉で、何度も耳にしました」と言いました。

確かに、ご飯を食べている人に、「あなたは死体だ」と言う人は、普通いないでしょう。しかし、私は、その言葉を繰《く》り返し聞きましたし、それを聞いたのは一人だけではなかったのです。

「『脳死』は人の死ではない」という立場から拒否《きょひ》した臓器移植

あるいは、「もう、そんなに、もつわけはないんだけれども、やるとしたら心臓移植しかない」とまで言われました。

ちょうど、そのころ、心臓移植のために募金《ぼきん》を募《つの》っている子供がいたと思います。「アメリカで心臓移植をするのに九千万円かかる」ということで募金を集めていたのですが、間に合わなくて亡《な》くなった子供の話が出ていたような気がするのです。

なお、臓器移植については、そのころ、すでに、「（臓器移植を前提とする場合に限り）『脳死』を人の死と判定する」という法律が国会で通っていました。「脳死」というのは人工的な死ですが、「医者が『脳死』と認定したら、死んだことになり、臓器を取って移してよい」ということになっていたのです。

要するに、「臓器は新鮮《しんせん》なほどよいので、できるだけ、死の時期を早めた上で取って移したほうが、助かる可能性が高い。もう、どうせ死ぬのだから」ということです。そのため、「脳波が止まっている」とか、いろいろな条件によって、心臓は動いているのにもかかわらず、「脳がほとんど動いていない」という理由で「脳死」と判定する「臓器移植法案」が通ったあとだったのです（一九九七年施行《しこう》）。

それに対して、幸福の科学は宗教として、「まだ、その時点では死んでいません。心臓が動いているのに、魂《たましい》が抜けているわけがないでしょう」と言って反対していたわけです。

したがって、医者が、「診断はいろいろありますが、心臓を映したら大きいので、拡張型心筋症でしょう。これはもう、臓器移植以外に助かる道がありません」というようにも言ったと思いますが、「いや、それについては、当会は反対していますですから、臓器移植ということで何かしていただいたら、ますます困ります」というように述べたのを覚えています。

「お迎《むか》え」が来ないので「死なない」と思っていたが、孤独《こどく》だった夜

なお、周りの人たちのだいたいの合意としては、「私は夜は越せない」と見ていたのでしょう。映画「世界から希望が消えたなら。」の〝ネタばらし〟になるので、あまり言ってはいけないのですが、映画では、家族が病室のテーブルの上に家族写真を持ってくるシーンがあります。

実際は、移動式の机がベッドの上にあったのですが、当時の家内が、そこに家族写真を置いていったのを見て、私は、「ああ、『あなたは死ぬんだ』ということを言いたいんだな」ということは、いちおう理解できました。「ああ、そういうことか」という感じがしたのです。

また、ドクターも含《ふく》めて宗務《しゅうむ》本部の幹部三人が、本当に親切にも、お別れの挨《あい》拶《さつ》に来ました。「全員来るわけにはいかないので三人だけ」ということで、お別れの挨拶に来たのです。

しかし、私は、まだ頭も目もしっかりしていて、三人とも霊障《れいしょう》になっていることまでしっかりと視《み》えたので、「君たちは、三人とも霊障だよ。悪霊《あくれい》が憑《つ》いているから、もう、見舞《みま》いに来たら駄目《だめ》だ。そんなことだと、こちらの状態が悪くなるから、もう見舞いに来るな」と言って、早々に追い返したのを覚えています。

そのように、宗務本部長と、もう一人とドクターが、三人とも霊障だったのを記憶《きおく》しています。

ただ、それでも、孤独《こどく》な夜は来ました。夜になると、「やはり、自分が思っているのとは違うのかなあ」という気もしてきたのです。

とはいえ、指導霊は「退院できる」と言っているし、もし、私のような人間が死ぬなら、先に亡くなった家族や先祖等（の霊）が必ず迎《むか》えに来るはずです。しかし、一人も来ないので、「これは死ぬはずがない」という判断を自分ではしていたのです。

当時、その前の年（二〇〇三年）に父親（善川三朗名誉顧問《よしかわさぶろうめいよこもん》）は亡くなっていましたし、すでに、伯母《おば》（作家・中川静子《なかがわしずこ》）も兄（法名《ほうみょう》・富山誠《とみやままこと》）も亡くなっていましたから、このあたりは、みな迎えに来なくてはいけないはずです。ところが、自分が死ぬなら絶対に迎えに来るはずの身内が誰《だれ》も来ないので、「これは死ぬはずがないのではないか」と思ったのです。

しかし、そう思ってはいたものの、やはり、夜中になると、なかなか眠《ねむ》れず、すぐに目が覚めるような状態でした。

ありがたかった看護師、何とも言えない反応をした看護師

ところで、夜中になると、夜勤の看護師さんが回ってくるのですが、ある一人の看護師さんは、こちらが思っていることを感じ取っていたのでしょうか。

何か少し光を感じたので、そういう方だったのかもしれないし、あるいは、指導霊か何かが来たのかもしれませんが、その看護師さんは、「あなたを絶対に死なせません」と言ってくれました。そのように、医者の意見とは違うことを言う方がいたのは、とてもありがたかったと思います。

ただ、夜の間、眠れなくて、いろいろなことを回想したり考えたり、思ったりはしました。その内容が、主題歌（「新復活」）の歌詞のテーマになっているはずです。

なお、その翌朝《よくちょう》も、幸いなことに死ぬことなく、まだ生きていたので、朝番の

看護師にメモ用紙とボールペンを要求し、理事長への「仕事の進め方についての指示書」を書いたり、家族に「考えていること」を書いたりしました。

そのように、看護師にメモ用紙とボールペンを要求したとき、やはり、その看護師はギョッとしていましたし、さらに、私が何か書いているのを見て、もっとギョッとしていたのを覚えています。

それは何とも言えない反応で、私は「そんなにギョッとしないで、もう少し喜びなさいよ」と言いたくなったのですが、その人にとっては、「ありえないこと」だったのでしょう。

4 「非現実な妻」と「現実の子育て」との葛藤《かっとう》

映画に描《えが》かれている感じに近い、イージーな結婚《けっこん》をした私

ただ、あのとき、夜と朝の二回、当時の家内がいろいろな物や着替《きが》え等を持ってきてくれたので、「家族がいるということは、とてもありがたいことなんだな」と感じたのを覚えています。

映画「世界から希望が消えたなら。」の最初のほうで、ややコメディタッチに描《えが》かれている部分があるのですが、実際、私は結婚《けっこん》のときに、普通《ふつう》の人がするような恋愛《れんあい》結婚をしてはいません。

といいますか、勤めていた会社を退社・独立したときに、「自分は、こういう

人間で、こういう生涯《しょうがい》を生きるので、もう、結婚はできなくてもよい」と考えていたのです。

もう、ほかの人に迷惑《めいわく》がかからないように、自分一人でやるつもりだったので、自分のほうから「結婚したい」と思うようなことはありませんでした。ただし、女性のほうが「リスクは承知で結婚したい」と言うのなら、可能性はありました。

その意味では、映画ではコミカルに描かれているし、設定は変えてはありますが、実際は、あのような感じに近い、非常にイージー（安易）な結婚をしています。

というのも、「自分のほうから結婚する気はなく、『したい』という人、『人身御供《ひとみごくう》になります。お布施《ふせ》します』という人がいるなら」というような感じだったからです。ただ、「その代わり、先は知りませんよ」というようなところは少しありました。

若いころに、私は、占《うらな》い師等にも、「あなたは自分で結婚は決められないでしょう。女性のほうが決めるでしょう」ということを予言されていたのですが、結果的に、そのようになってはいます。そのため、「コーヒーを一杯《ぱい》飲んで婚約する」という、この世ならざることがあったのです。

本当に「非現実な人」だった前妻との結婚《けっこん》のいきさつ

映画「世界から希望が消えたなら。」には、実際には描かれていない部分もあるものの、「こんな非現実な」という部分がたくさん出てきます。

ところが、「その非現実性こそが現実そのもの」で、映画の登場人物には非現実な人ばかり出てきていますが、私の周《まわ》りの家族や出会った人たちも、本当に「非現実な人たち」だったのです。

私の家内になった人も、本当に非現実な人で、映画では「結婚《けっこん》相談所で見合いをした」というような設定にはなっていますが、実際は、そうではありません。

実は、一回目のデートのときに、コーヒーを飲んだだけで、婚約までさせられたというか、ほとんど、検事の取り調べを受けているような感じだったのです。「コーヒーのお代わりはどうですか」と訊《き》いても「ノー」で、「それどころではない。結論が出るまでは、もう、取り調べの手は緩《ゆる》めない。誘《さそ》った以上は責任がある」というような感じで、トイレに行くことも許されませんでした（笑）。

そのように、返事をするまで、喫茶店《きっさ》で五時間、締《し》め上げられて、ようやく結婚のことを口に出したら、「うん」と言って、それでやっと〝検事〟は手を緩めてくれました。

そして、彼女がカバンのなかから白い紙を出してきたので何かと思ったら、「この履歴書《りれきしょ》を書いてほしい」と私に言うのです。それは、会社に就職するときに、「収入、年齢《ねんれい》、血液型、身長、体重、家族構成」等を記入するような通常の履歴書でしたが、彼女は一回目のデートのときに、そうしたものを持ってきていたのです。

そういう意味では、もう「本当に、世の中にこんな人がいるのか」と思うほど信じられない感じはしましたが、「仕事が速い」と言えば速いのだと思います。そのように仕事の速い人が、私の病気のときに立ち会ったので、早くあの世に送ろうとしたのかもしれません。

ともあれ、私は履歴書を見て、「なんで、こんなものを?」と訊くと、「両親に送らなくてはいけないから」というようなことでした。そのように、〝仕事が速かった〟わけです。

その意味で私は、〝非現実な結婚〟をして、途中《とちゅう》で一度、〝非現実な死にかけ〟になったわけです。

「宗教的信仰《しんこう》」「学歴信仰」「医学信仰」の三つを持っていた前妻

なお、そのときに医者の言ったことが、当時の家内の頭に、そうとう入ったのは事実でしょう。彼女の秋田の実家が、入院患者《かんじゃ》を取る産婦人科だったので、彼女には、もう一つ、「医者信仰《しんこう》」があったのです。

そのようなわけで、結婚のときには、多少、矛盾《むじゅん》があっても、何とか調子を合わせればやっていけるところもあったものの、教団がだんだん大きくなっていくときに、そうした信仰心の微妙《びみょう》なズレのところが出てきたような感じがします。

その意味で、当時の家内は、譲《ゆず》れない「宗教的信仰」の部分と、「学歴信仰」のようなもの、そして、「医学信仰」のようなもの、この三つは濃厚《のうこう》に持っていたと思います。

確かに、戦後は新宗教の評判が悪かったので、みな、宗教にかかわっていることを表立って言えないような状況《じょうきょう》であったことは事実です。

しかし、私の結婚のとき、向こうのご両親の判断は、「学歴や収入等は、ある程度あるし、『商社で働いてニューヨークで勤まった』というなら、狂《くる》ってはいないだろう。いちおう、この世的に通じるということだろう」というようなものでした。

ちなみに、向こうは、卒業間際《まぎわ》に結婚を決めたので、ゼミの友達や先生等に「結婚する」と言ったら、「へえー！　早い」と驚《おどろ》かれたそうです。彼女は、「あなただけは絶対に結婚できない」と周りの友達から宣言されていたので悔《くや》しくて、「いちばん先にしてやろう」と思っていたらしいのです。

それから、当時は、教授でも本を出すのは大変だったらしく、ゼミの教授に結婚を知らせたときには、私の履歴書に、いちおう、「出版社の社長」などと書いてあったので、教授のほうも身を乗り出して、「おお、すごい。出版社の社長だったら本を出してくれるのか」というようなことも言っていたようです。

また、友達も、「こんな、東大を出て本を書いたりニューヨークに行ったりしているような人は、やっぱり、普通の宗教の人とは違《ちが》うんじゃないの」というようなことを言っていたと話していました。

このあたりのところで、おそらく、「宗教的な信仰」「学歴信仰」「医学信仰」といった三本の〝信仰〟が立っていたと思います。

五人の子供たちを宗教家に育てるための苦労

それでも、教団の初期のころは、前妻も、まだ多少の違いがあったとしても、緩《ゆる》やかに何となくまとめていけた部分はあったのではないかと思います。ただ、教団が大きくなり、私の子供も五人まで増えたあたりで、家庭のほうがだんだんに重くなっていった部分があったのでしょう。

四人目までは「よくもったなあ」と思うところもありました。なかなか沈《しず》まない不沈《ふちん》空母のようだったのですが、五人目になると、さすがに家庭の比重のほうが重くなり、それほど自由に仕事ができるような感じではなくなっていったのです。

おそらく、いちばんの問題は長男に手がかかりすぎたことでしょう。子供に対する悩《なや》みの半分は長男についてであり、多動性だったことが一つあると思います。ただ、当時の家内は、「それは学習障害だ」とずっと言い続けていました。

わが家の子供たちは、なぜか、算数や数学でつまずくことが多く、「計算が合わない」とか「公式をケロッと忘れる」などということがけっこう多かった気がします。すでに当会が宗教になっていたため、文系のほうにだいぶ変わっていたのも影響《えいきょう》しているのでしょうか。本を読むようなことはよいとしても、社会に出ていく前に学んでおくべき足し算や引き算等や、普通の仕事ができるようになる訓練といったものを、やや甘《あま》く見ていた面があったのかもしれません。そのため、論理的思考などは弱かったように感じます。

それから、（前妻は）考え方として、「どうすれば宗教家になれるか」ということが分からない面がありました。会社の後継《あとつ》ぎを育てるように、「とにかく、普通に中学受験等をし、エリートコースに乗っていく感じで行けばよいのではないか」と見ていたところはあったかと思います。このあたりが、また、けっこういろいろと混乱を生んだ部分です。

宗教は、基本的には心の問題であるにもかかわらず、「心を鍛《きた》える」「心を研《と》ぎ澄《す》ます」「心を鏡のようにする」「人の心の間違い、曇《くも》りを指摘《してき》する」というようなことに、いったいどれほどの意味があるのかを、母親のほうも頭で十分に理解できていなかったのではないでしょうか。どちらかといえば、この世的な指標がまだけっこう立っていたのではないかと思います。

二〇〇一年には、長男が中学受験でかなりの失敗をし、結局、第三志望か第四志望あたりになってしまったこともありましたし、二〇〇三年には長女の中学受験もありました。

子供が生まれたときには、まさか、その後に受験がついてくるとは思いませんでした。そこまでは頭が回らず、「子供が生まれたら、あとは育てればよい」と思っていたのですが、だいたい二年おきに子供が生まれたので、「五人の子供の受験も二年ごとに来る」という厳しい環境《かんきょう》になってしまったわけです。

そのため、子供が小さいときに仕事をするのはそうとうきつかったのですが、受験期には二年おきに五人というのも厳しいものがありました。

このように、当時は家庭内が大変で、「これはたまらん。父親は、いったい、いつ働いたらいいいんだ?」という感じだったのです。

映画では、そのあたりのところの一部も描かれています。

二〇〇一年が長男の受験、二〇〇三年が長女の受験、そして、一年だけずれて二〇〇六年が次男の受験、二〇〇八年が三男の受験、二〇一〇年が次女の受験と、こういう感じでした。

一九九七年に五人目が生まれて一段落したと思ったら、二〇〇一年からは受験が始まったのです。そのときに、「私は、このままでもう終わってしまう」というような焦《あせ》りがあったことは事実です。このあたりの葛藤《かっとう》はけっこうあったかと思うので、少々無理をしたところもあったのかもしれません。

幸福の科学の信者のみなさんも、「家庭」と「当会の活動」とを両立させることでは苦労したのではないでしょうか。

5　奇跡《きせき》の復活から大発展へ

退院後、減量と三千キロの歩き込《こ》み

二〇〇四年、私が病気で入院したとき、医者からはもう死んでいるかのように言われました。「その日のうちに死ぬ」とか、「翌日には死ぬ」とか、あるいは「一年以内には絶対に死ぬ」とか、さらには、「五年以上生きている人はいない」とか、「いくら何でも十年も生きることはない」などといったことを、あれこれと伝えられていました。

このとき、四階の病室に入院していた私は、「一生、四階から出さない」とまで言われるほどでした。それは、見張らなければならないということだったので

しょう。「退院させたら、どうせ、幸福の科学職員が大勢来て働かされるに決まっている」と思われたに違《ちが》いありません。そうなると、〝仕事に殺される〟恐《おそ》れがあるため、病院から一生出すわけにいかないとまで言われたのです。

ただ、そうは言っても、「命があっても、一生、病院から出られないのでは、私は困るんですけど……」という思いもありました。

とにかく、病院としては、「入院中は、仕事にかかわる人には会わせない。会わせると必ず仕事につながってしまうので、家族以外の人には一切《いっさい》会わせない」というのが基本的な方針だったようです。

そして、退院後は、「体を鍛《きた》え直さなければいけない」と思い、減量しつつ、ウォーキングをし、十キロ以上は痩《や》せました。日本列島の端《はし》から端までに相当する三千キロぐらいは歩き込《こ》みをしたのです。

この話を公表したのは、二〇〇八年の冬（二月二日）のことでした。●〝About《アバウト》

An《アン》 *Unshakable*《アンシェイカブル》 *Mind*《マインド》”という英語講義をしたときに述べています。

現在の妻である大川紫央《しお》総裁補佐《ほさ》も、「早稲田《わせだ》大学時代の終わりごろに“About *An Unshakable Mind*”を観《み》て、そのとき初めて、総裁先生がご病気をされていたことを知りました」と語っていました。

これは二〇〇八年だったので、病気をしてから四年ほどたっています。

そのときに公表したわけですが、実を言うと、当時、私が病気をしていたことは、総合本部の職員でも知っていた人は少なかったのです。宗務《しゅうむ》本部の人には隠《かく》せないので、みな知っていたものの、口が堅《かた》く、秘密を守っていたらしく、総合本部で知っていたのは四人ぐらいしかいませんでした。

例えば、映画「世界から希望が消えたなら。」の製作を担当したメディア文化事業局の局長（収録当時）などは、「総裁先生のご病気？　そんな話は知らない。三十年も（教団に）いるのに一度も聞いたことがない。こんなこと、あるわけが

●「About *An Unshakable Mind*」　『About *An Unshakable Mind*』（宗教法人幸福の科学刊）参照。

ない」と言ったのです。

映画のなかでは、「あなたは死体です」「医学 対 新興宗教の戦いだ！」などと、たくさんやり合っているのですが、「こんなの一度も聞いたことがない。ああいう非現実な会話があるわけがない」と言うのです。そこまで完全にシークレットだったわけです。

そのため、映画の筋《すじ》をこの世的な医学に合わせて書こうとしたり、いわゆる臨死体験のようなものに変えようとしたりしていたのです。私は、「臨死体験ではなく、もう死んだと言われた」という話をしていたのですけれども、言葉が通じなくて、映画をつくるのはなかなか大変でした。

ただ、ほかの人も似たようなものだったのです。

また、次のようなこともありました。

その後、「病気については、もうそろそろよかろう」と、二〇〇七年前後から本格的に説法《せっぽう》をし始めたわけですが、全国への巡錫《じゅんしゃく》に先立って、幸福の科学の東京正心館《しょうしんかん》で講演をしたときのことです。

講演時に、当時の宗務本部長が後ろから椅子《いす》を出してきたので、それに座《すわ》ったのですが、これを見ていた、以前秘書をしていた女性の幹部たちが、私のところへ詰《つ》め寄ってきました。そして、「総裁先生、東京正心館で椅子に座って話すというのは、〝かっちょ悪い〟です。立ってください！」と言われたのです。そのとき、「かっちょ悪い」という言葉を使っていました。

「立て！　ジョー。立つんだ！」という感じで言ってきたので、「分かりました。次回からは立ちます」ということになったのですが、彼女たちは、私が病気したのをまったく知らなかったわけです。逆に、「あの人は何をしているんだ？」と、椅子を出した人のほうが怒《おこ》られるような感じでした。

その後の講演も、ずっと立ってやってみたのですが、「ああ、別にどうということはないな。やればできるんだな」ということが分かりました。

それが二〇〇七年です。

医師の「余命五～十年」の言葉を受けて心のなかに決意したこと

そこで、私は、「医者が言うように、五年で死ぬか十年で死ぬかは分からない。でも、本当に最後だと思うなら、もう思い残しがないようにしよう」と決意しました。

そのころ、関西方面へ視察に行ったとき、たまたま立ち寄った大阪《おおさか》中央支部にいた三、四人の職員としばらく面談をしていると、信者間で連絡《れんらく》が回ってしまったようで、一時間ほどして外へ出たときには、二百人ぐらいの人が集まっていました。

大勢の女性信者たちのなかでもみくちゃになりながら、「すみません。せっかく来られても何もできないので、触《さわ》りたかったら、もうどこでも触ってくださ い」というような感じで立っていると、私の裾《すそ》やワイシャツ等、いろいろなものを引っ張られたり、触りまくられたりしました。そういうことがあったのを覚えています。

それで、「これは、みんな、よほど飢《う》えているな。やはり、説法しなければいけない」と痛感し、二〇〇七年六月の終わりごろから、全国の支部への巡錫を始めたわけです。

こうしたことも、当時の家内には気が狂《くる》っているように見えていたのだろうと思います。

「新復活」後、二千回以上の説法《せっぽう》、学校法人と政党の設立

そのころ、当時の家内は、総裁はもう死ぬものだと思って、自分が二代目にな

●全国の支部への巡錫……　全国巡錫については、巻末特別付録「一日一生、不惜身命」132、133ページ、海外巡錫については132、133、152～155ページ参照。

るかたちでの準備を着々と進めていたのです。彼女の出生地である秋田のほうは「準聖地・秋田」となり、そこに文殊館《もんじゅかん》（現・秋田信仰館《しんこうかん》）が建ち、幸福の科学を文殊信仰に変えるための準備に入っていました。

ところが、私が「全国行脚《あんぎゃ》をする」などと言い出したので、「ああ、これはもう〝特攻隊《とっこうたい》〟となって死ぬ気だな」と思い、彼女には狂ったように見えたのではないでしょうか。

さらに、その時点では予想していなかったのですが、二〇〇七年十一月のハワイでの英語説法《せっぽう》を皮切りに、海外巡錫も始めました。

もちろん、やけになったところもあったのかもしれません。「どうせなら、やれるだけやって〝大空のサムライ〟風に散ってもいい」という気持ちがあったのも事実です。

少なくとも、「病気をして、もう死ぬ」というような局面に立ち会った人から

●文殊館（現・秋田信仰館）　幸福の科学の初期の霊査《れいさ》において、前夫人の過《か》去世《こぜ》の一つは文殊菩薩《ぼさつ》であるとされていたが、後《のち》に別存在であることが判明した。『現代の法難①』（幸福の科学出版刊）参照。文殊館は、「純粋な信仰からの世界伝道」をコンセプトとする「秋田信仰館」として新たに落慶《らっけい》した。

見れば、私は〝発狂《はっきょう》状態〟に見えただろうと思います。

しかも、私は病気の直後に、幸福の科学の月刊誌の巻頭言（「心の指針」）を九年分書きました。それは、もし、途中《とちゅう》で私が亡《な》くなったとしても、月刊誌に総裁の巻頭言が載《の》り続ける間は、まだ信者をつなぎとめておけるだろうと思ったからです。

それなのに、突如《とつじょ》、そういうこと（巡錫）をすると言うので、「ちょっとおかしくなったのではないか」という感じだったのだと思います。

私が海外巡錫を始めたあたりでやめておけば、まだよかったのかもしれませんが、二〇一〇年に幸福の科学学園中学校・高等学校の那須《なす》本校を開校し、さらに、二〇一三年には関西校も開校し、それ以前にも、二〇〇九年に幸福実現党の立党までしているので、これはもうすっかり錯乱《さくらん》状態に入ったように見えたのでしょう。

●ハワイでの英語説法……『Be Positive《ビー ポジティブ》』（宗教法人幸福の科学刊）参照。

その過程で、当時の家内と私との心の距離《きょり》がだんだん離《はな》れていきました。彼女は、教祖殿《きょうそでん》の近くに建てられていた自宅に一人で住み、別居《べっきょ》したまま二、三年ほどたちました。そこには、弟子《でし》の強制力もあったのかもしれません。

それでも、別居当初は幸福実現党の党首をやってくれたこともあるのですが、すぐに投げ出してしまい、その後は、結局、私がやらなければいけなくなりました。

当時の家内には、私が玉砕《ぎょくさい》したいかのように本当に見えていたのでしょう。おそらく、『永遠の0《ゼロ》』のストーリーのように、「爆弾《ばくだん》を積んだゼロ戦で、航空母艦《ぼかん》に急降下してぶつかりたいんだろうな」というように見えていたのではないかと思います。それは、常識的に見ればそうだったのかもしれません。

二〇〇四年に大病をするまでに行《おこな》った講演は九百回、発刊書は三百書ぐらいだったような気がしますが、おかげさまで、そのあとは二千回以上の説法をしてい

●二〇一〇年に幸福の科学学園中学校・高等学校……　幸福の科学グループの教育事業については、巻末特別付録「一日一生、不惜身命」144 ～ 147ページ参照。

ますし、二〇一九年中に通算三千回以上まで行くのはほぼ確実になっています。また、英語説法も百三十数回行いました。さらに、ほかにも事業を数多くやっています（注。二〇二三年五月現在、累計の説法回数は三千五百回以上、うち英語説法は百五十回以上）。

要するに、「もう死体だ」と言われたあとに発刊した書籍《しょせき》の点数は、翻訳書《ほんやくしょ》も入れて二千二百書以上になるのです（注。二〇二三年五月現在、三千百書以上）。これは、ありえないことが現実に起きたということでしょう。

6　一日一生《いちにちいっしょう》、不惜身命《ふしゃくしんみょう》

「まだ残された使命がある」からやり続けられている

あれから十五年がたち、もうとっくに〝散って〟いなければいけないところをまだ生きているので、本当に申し訳ないと思っています。「もう死ぬか、もう死ぬか」と思ってやっているうちに、このようなことになってしまいました。意外と死なないものです。

「自分の命は、もうそれほど長くはない」と感じていたので、「毎日、何かをしなければいけない」と思って、「一日一生《いちにちいっしょう》」で進めていたら、いつの間にか、これほど説法《せっぽう》や書籍《しょせき》の量が増えてしまう状況《じょうきょう》になったわけです。

私はすでに還暦《かんれき》を超《こ》え、日蓮《にちれん》や空海《くうかい》が亡《な》くなった歳《とし》も超えてしまいました。彼らであれば、人生が終わっているころになりますが、今のところ、私の〝ディーゼル〟はまだ動いています。

お釈迦《しゃか》様は八十歳《さい》ぐらいまで生きたとされていることもあり、私も若いころに、「これから五十年はやります」と約束をしました。三十歳にして立ち、八十歳まではやるつもりでいたわけです。

ただ、いったん死んだ気持ちでやり始め、続けることができているのは、「使命がまだ残っている」ということだろうと思ってやっています。

あの当時、「法は説き終えた」と思っていたけれども、まだまだ出てくるものだということに驚《おどろ》いています。

また、大学づくりをしたり、映画を製作したり、歌をつくったりと、さまざまなこともし始めたので、「人間というのは、なかなか分からないものだ」というように思っています。自分としては、まだまだ広がっていっているような気がしているのです。

「死」を体験して身に沁《し》みた「一日一生《いちにちいっしょう》、不惜身命《ふしゃくしんみょう》」

今回述べたことについては、すでに知っている人もいるでしょう。この法話《ほうわ》を、映画「世界から希望が消えたなら。」を観《み》る前に聴《き》くか、あるいは、映画を観てから聴くかは分かりませんが、実際に私の身に起きたことの概要《がいよう》を述べました。これが私の「新復活」です。

そうした「死」というものを自分で間近に体験し、「明日《あす》死ぬかも分からない」「年内に死ぬかもしれない」という気持ちを持つことによって、「一日一生《いちにちいっしょう》」や「不惜身命《ふしゃくしんみょう》」といった言葉が、本当に身に沁《し》みて感じられました。

例えば、ブラジル伝道へ行くときなどは、私の知識不足もあって、ブラジルはアマゾン川の畔《ほとり》だろうというイメージから、「今回は、アマゾン伝道だ。アマゾン川流域を点々と講演会をしていくのだろうから、これはもう死ぬかもしれない」と本気で思っていたところがあります。

実際にサンパウロへ行ってみると、ヘリコプターで現金輸送をしているのを見て驚きました。地上では強盗《ごうとう》に襲《おそ》われるかもしれないということで、ビルからビル、銀行から銀行というようにヘリで移動していたので、「日本よりもこちらのほうが進んでいるのかな」と思うこともありました。

そのように、若干《じゃっかん》の誤解もあったものの、ブラジルには都市部もだいぶあったので、アマゾン川までは行きませんでした。

さらに、アフリカまで巡錫《じゅんしゃく》に行けましたので、よいこともたくさんあったとは思っています。

以上、私の「新復活」の前後にあったことについて、簡単に述べました。

第2章

大病と人生の使命

――質疑応答――

二〇一九年四月二十三日

幸福の科学　特別説法堂《せっぽうどう》にて

Q1　大病からの「新復活」体験から学べること

質問者A　本日は御法話《ごほうわ》まことにありがとうございました。総裁先生の「新復活」に関しては、先ほどのお話にありましたように、ご家族や秘書等が周《まわ》りにいて立ち会ったわけですが、「新復活」という歴史的な出来事に対して、総裁先生の近くにいればいるほど、単なる病気であるとか、普通《ふつう》の日常のなかの出来事のように捉《とら》えてしまい、その本当の意味を知ることが難しかった方もいるのではないかと思いました。

「新復活」という事象のなかで、「神の意図」を見逃《みのが》さないために大切な心構えについて、教えていただければと思います。

大病の経験を通して「病気治し」ができるようになった

大川隆法　一つの意味としては、「病気治しができるようになった」ということは大きいだろうと思います。私も大病の経験を通して、病気治しができるようになったのです。

現在は、医学信仰《しんこう》のようなものがかなり立っていて、医学の部分で宗教はかなり後退しています。昔は、宗教は病気治しをよくやっていましたし、新宗教にもそれは多かったと思うのですけれども、「どう見ても、病院で治る率のほうが高いというか、効果的である」ということで、西洋医学のほうが勝《か》ってきています。医学を科学の一部と考えるなら、「科学の発展」と「魔術《まじゅつ》の衰退《すいたい》」が一緒《いっしょ》になっている感じなのです。

つまり、「新宗教の病気治しなどはない」世界になっていて、やりにくい状況《じょうきょう》

●病気治しが……　病気が治った奇跡体験については、巻末特別付録「一日一生、不惜身命」140、141、150、151 ページ参照。

にあったので、それまでは、私も積極的にはやらなかったわけです。

実際、一九九二年ごろ、当時、東大の宗教学の助教授だった島薗進《しまぞのすすむ》氏は、岩波ブックレットなどに、幸福の科学について、確か、「病気治しをしない宗教」というように書いていました。

「昔の宗教は、『貧《ひん》・病《びょう》・争《そう》の解決』が基本スタイルである。『貧』は貧乏《びんぼう》、『病』は病気のことで、豊かでないから病気になる人も増え、その病気治しを宗教で行う。また、『争』は争いごとや家族の争いのことで、そうしたものを宗教によって収める。そのように、宗教は貧・病・争を扱《あつか》うものなのに、『豊かな時代の宗教』になると、そういうことを言わなくなり、アメリカで流行《はや》っているような、『成功法』とかを説く自己実現セミナー風の宗教が出てきた」というように、幸福の科学を「豊かな時代の宗教」として捉えていたと思います。
●渡部昇一《わたなべしょういち》先生と対談したときも、「自分から『病気治しをしない』と言う宗教

●渡部昇一先生と対談……『フランクリー・スピーキング』（幸福の科学出版刊）参照。

は珍《めずら》しいですね」というように言われたのを覚えています。

「医学信仰《しんこう》」が病気治しを妨《さまた》げていた

（病気治しを積極的にしなかった理由の）一つには、「当時の家内は医者の娘《むすめ》だったので、医学信仰《しんこう》があった」ということもあります。

実は、幸福の科学の発展とともに、あちらの実家の病院の収入がすごく減り始めてしまいました。産婦人科だったのですが、私は「堕胎《だたい》をすると、水子《みずこ》の霊《れい》になる」ということも説いたことがあるので、それで人工中絶をやめる人が増え、収入が減ってしまったのです。申し訳ないですけれども、そういう影響《えいきょう》が出てしまったこともありました。

あとは、私は大学時代に法学部で勉強したので、法学部的に考えて、「法律的にはやはり医師法に則《のっと》り、医師免許《めんきょ》を持っている者以外は病気を治してはいけない。だから、『病気を治す』と言ってはいけない」というような〝縛《しば》り〟があったのは事実です。

生長《せいちょう》の家《いえ》は、昭和五年（一九三〇年）から活動していて、戦前から『生命の實《じっ》相《そう》』等の宣伝をしていましたが、当時、新聞の五段抜《ぬ》き広告には、「本を読むだけで病気が治る」と打っていたはずです。今だと、そういう言い方をして広告を打つと、おそらく詐欺《さぎ》罪か医師法違反《いはん》のどちらかで、いちおう捕《つか》まるのではないでしょうか。そのあたりは、かなり変わってきています。

要するに、病気治しは宗教にはつきものではあるけれども、それは「アンダーグラウンドに潜《もぐ》って、外には出さず、教団のなかだけでやっている」というような状況であったわけです。

キリスト教のような世界宗教であっても、バチカンが「ルルドの（泉の）奇跡《きせき》」が起きて、本当に病気が治った」と認定しているものは、なかなか百件もないぐ

●ルルドの（泉の）奇跡　1858年、南フランスの小さな町ルルドで、少女ベルナデットが郊外で聖母マリアと出会い、指し示された洞窟の岩の下から泉が湧き出した。その水を飲むと、不治の病も治る奇跡が続出し、現在、この地はカトリックの巡礼地になっている。

らいです。

また、エクソシスト（悪魔祓《ばら》い師）ものの映画を観《み》ると、バチカンが公認するエクソシストが悪魔祓いをしてよいのは、病院の診断《しんだん》を受けた人だけです。まずは病院のマター（案件）であり、「いわゆる精神病、精神疾患《しっかん》なので、薬を飲んだり入院したりして治すべき」と判断されたら、悪魔祓いはできません。そういう病気ではなく、「何か霊が憑《つ》いている」という証拠《しょうこ》がなければできないのです。

普通ではできないようなこと、すなわち、「袋《ふくろ》のなかにあるものを当てる」とか、「怪奇《かいき》現象が起きる」とかいう客観的証拠があって、ギリギリ、嫌々《いやいや》ながら限定的に認める感じになっているらしいということは、いろいろな映画を観ても分かります。

バチカンへの悪魔祓いの申し込《こ》みは、毎年五十万件以上もあると言われていますが、本当にやっているのはごくわずかでしょうし、やっても効果がない場合も多いと思います。（悪魔に対して）かなり負けて、押《お》し込まれているのが事実でしょう。

「そういう状況のなか、合理的思考ができる人間で、現代教育を受けている人間が、病気治しをできるかどうか」ということです。これを克服《こくふく》するのはなかなか大変ではありましたが、「新復活」を体験してからあとは、いろいろなものが治るようになってきました。

「新復活」後、次々と起き始めた奇跡《きせき》

私自身も信じられないぐらいです。「幸福の科学の映画を観て治る」というのは分かりますが、最近は、「幸福の科学のチラシを受け取っただけで治った」とかいうのが出始めています。

このあたりになると、さすがにどうでしょうか。信仰、信心《しんじん》の具合にもよるでしょうから、何とも言えません。「チラシを受け取っただけで病気が治るのだろうか」という気持ちが若干《じゃっかん》ないわけではないのですが、こうなると、いよいよ〝浄土真宗《じょうどしんしゅう》の世界〟に入ってきた感じがします。

浄土教では、最初は「南無阿弥陀仏《なむあみだぶつ》を百万回唱えたら救われる」というところから始まって、「南無阿弥陀仏を十回唱えたら救われる」になり、次は「一回でも唱えたら救われる」になり、さらに、浄土真宗のように、「いや、南無阿弥陀仏を唱える以前に、発心《ほっしん》して、『阿弥陀様が救ってくださる』と思った段階で、もう救われている」というところまでどんどん行きます。

そういう〝進化形〟が当会にもあるとすれば、「祈願《きがん》をして治る」「映画を観て治る」「本を読んで治る」「説法《せっぽう》のＤＶＤを観て治る」「ＣＤを聴《き》いて治る」「正心法語《しょうしんほうご》で治る」、そして、「幸福の科学への入会を勧《すす》めるチラシをもらった

●南無阿弥陀仏を……　浄土教系の宗派では阿弥陀仏による救いを信じて称える口称《くしょう》念仏を勧めている。浄土宗を開いた法然《ほうねん》は念仏の回数にこだわらないよう戒めつつも、自《みずか》らは１日に数万遍を称えていたが、その弟子《でし》筋《すじ》からは「なるべく多いほうがよい」「一生に１回だけ称えればよい」「心に思うだけで往生《おうじょう》する」などの異説が生じ、一念多念論争が起きた。

だけで治る」というように起きても、「あるかもしれないな」という気もしてきたのです。

教団全体が磁石のような力を持ってきたら、縁《えん》に触《ふ》れるだけで、（天上界《てんじょうかい》まで）ずっとつながっていくことは、人によってはありうるかもしれません。「今まで頑《かたく》なに拒《こば》んでいた人、家族とかが信心しているのを拒んでいた人が、何かパカッと開《ひら》けて拒まなくなった瞬間《しゅんかん》に、光が入る」ということは、もしかしたら、ありうるかもしれないのです。そういう気持ちはあります。

教団の力が大きくなればなるほど、強くなればなるほど、「現象《げんしょう》」も起きてくるようになるのです。

今では、講演会で「金粉《きんぷん》が降る」のが普通になっています。例えば、私が台湾《たいわん》●で日本語で講演をしても、金粉が降る。紫央《しお》総裁補佐《ほさ》が絵本等の講義をしても、子供たちの周りに金粉が降ってくる。あるいは、「昨日《きのう》、金粉が降ったんだって」

●台湾で……　2019年3月3日、台湾を巡錫《じゅんしゃく》し、グランド ハイアット 台北《タイペイ》において、「愛は憎しみを超えて」と題して、講演と質疑応答を行った。『愛は憎しみを超えて』（幸福の科学出版刊）参照。

と話していたら、私の孫の頭にも金粉が出てくるといったことが起きてくるようになってきました。金粉現象が当たり前に出てき始めています。

ですから、「信じる」といっても、「経験知として、いろいろと起きることを現実に自分で体験しないと、そうはならない場合がある」ということです。

「霊言《れいげん》」においても同じでした。

私は、子供時代から、神様・仏様も、あの世も、霊も、神秘現象もみんな信じていましたが、「実際に、自分に霊が降りてくる」ということを実体験してからあとと、実体験する前とでは、かなり違《ちが》ったのです。

「霊が降りてくる」といっても、世の中には偽物《にせもの》もたくさんあるでしょう。そこで、私は「霊言集」をたくさん出してみたのです。

霊言は私の声で話しているので、声としてはどれも似たように感じるかもしれませんが、文字起こしをして活字にしてみたら、「個性がはっきりとしていて、霊人《れいじん》によって違う。ああ、やはり、名乗っているとおり、本当に違う霊人が出ているのだ」というようなことも確認されてきました。

こういった経験を通して、信仰がいっそう深まっていく面はあったかと思います。

宗教なら「普通《ふつう》にする」ことを当会も受け入れるようになった

そういう意味で、私が「新復活」をしたときには、最初の霊言ができるようになった段階から、もう一つ超《こ》えた部分があるのではないでしょうか。

要するに、「病気治し」が本当にできるようになったことで、旧《ふる》い伝統的宗教や新興宗教が持っていて、幸福の科学のなかで希薄《きはく》だった部分が乗り越《こ》えられたかと思うのです。

それまでの、書籍《しょせき》伝道と称《しょう》して本を広げることで、「心のあり方を整えて、人生を真っ当に、正当に生きることを伝える」といった感じでやっていたレベルから、もう一段、踏《ふ》み込んで、宗教なら普通《ふつう》にするようなことを、ある程度、当たり前に受け入れられるようになったのが大きかったと思います。

それ以前は、幸福の科学といっても、啓蒙《けいもう》団体ぐらいに思っていた人も多かったと思うのです。

初期の幸福の科学には、背広組《せびろぐみ》というか、会社で背広を着て、ビジネス・エリートをやっていたような人がたくさん職員として来ていて、そのなかには、「合理的な範囲《はんい》でやっているほうがよい」と思っている人もいました。

「宗教法人の申請《しんせい》をするかどうか」についても、当時の幹部のなかでも意見が割れたぐらいで、「宗教と言うと嫌がられるから、社団法人にしましょう」というようなことを言っていた方もいたのです。

社団法人にすると、構成員が、いわゆる社員ではなく、なかに入っている信者に当たる部分、会員の部分が社団法人をつくっているようなかたちになるので、宗教のかたちにはなりません。そういうことで、「宗教なんて、かっこ悪いじゃないですか。『社団法人 幸福の科学』にしたらどうですか」などと言っていたぐらいでした。

こうしてみると、信者の信仰心も、やはり変化して、発展してきているわけです。

最先端《さいせんたん》医療《いりょう》vs.新興宗教の戦い

映画「世界から希望が消えたなら。」の主人公の妻が、宗教でなくてもできる限界のところ、例えば、「成功の法」など、「念《おも》いで、人生が豊かになる、成功展開していく」といったあたりまではよかったけれども、「病気治し」をやり始めたあたりから、「ちょっと許せない」「一線を越えた」と判断したように、現実には、「信仰の段階」というものもあるかもしれないという気がします。

また、「学歴」というものも、蓋《ふた》のようになっている部分はありました。学歴が信仰の代わりになっている面はけっこうあるのです。この世で、神様をつくる代わりに、「偏差値秀才《へんさちしゅうさい》」という〝小さな神様〟がたくさんできているという感じでしょうか。そのため、高学歴になると信仰心が薄《うす》くなっていって、自己中心になり、「自分を信じよ」という感じが強くなってくるのです。

あるいは、「勤めている会社がよい会社かどうか」など、こういう、この世的なものに引っ張られる部分が大きかったのですが、「そういうものを踏み越えたかな」という感じはありました。

この映画では、主人公の御祖真《みおやまこと》と医者との対話のなかで、「現代の最先端医療《さいせんたんいりょう》対 新興宗教の戦いで、信仰が勝利したということですね」といった感じの台詞《せりふ》が入る場面がありますが、実は、これは、私が入院した病院のなかで、当時の家内から実際に言われたことなのです。

最先端医療をやっていて、優秀な先生が多い病院ではあったので、当時の家内から、「最先端医療 対 新興宗教の戦いね」と言われました。そういう言い方をされるとは思いませんでした。あちらは、「当然、最先端医療のほうが勝つ」と思っていた感じだったのです。

少し不思議ですが、信仰について、「医学は医学」「宗教は宗教」と、学科が割れているような感じの理解の仕方があったのかもしれません。

おかげで、家庭的にはかなり揺《ゆ》さぶりは生じたのですが、その結果が、例えば、「全国伝道」や「世界伝道」「病気治し」、あるいは「政治への進出」など、いろいろな新しい活動として展開していっています。

最初は、「独《ひと》り悟《ざと》りでもよいから仏陀《ぶっだ》になる」といったところを目指していたあたりで仲間が増えていくという感じから、二〇〇四年の病気を契機《けいき》に、「救世

●政治への進出……　幸福実現党の歩みについては、巻末特別付録「一日一生、不惜身命」142、143 ページ参照。

主としての活動」をはっきりと打ち出すようになったのではないかと思うのです。

実は、このあたりについて、映画ではコンパクトに描《えが》かれているのではないかと思います。

これが大きな意味かと思います。

Q2　大病経験と人生の使命の変化

質問者B　先ほどのご説法《せっぽう》のなかで、入院された最初の晩に、孤独《こどく》な夜を過ごされ、そのときに回想したことが、映画「世界から希望が消えたなら。」の主題歌「新復活」の歌詞になっているというお言葉がございました。

それまでに、総裁先生は、すでに九百回もご説法をされたり、三百書以上も本を出されたりしていて、「もうこれで終わってもいいと思っても、おかしくない」という見方もあったのではないかと思うのですが、そういうところから、どのように「新復活」へと心が向かっていかれたのでしょうか。

また、「仏陀《ぶっだ》」としての使命から「救世主」としての活動に移行していかれたところ、使命がさらに大きくなっていかれたところを、どのように自覚されていったのかについて、もう一段、深くお話しいただければ幸いです。

いまだに残っている「大川隆法・伝説の商社マン」の噂《うわさ》

大川隆法　やはり、強制入院的な感じでベッドに縛《しば》りつけられる感じになったら、いろいろなことを回想しますよ。

自分のことを振《ふ》り返ってみると、学生時代はよく勉強したとは思うし、あとは、商社マン時代も、「人の十倍働いた」と言われて、いまだに「伝説の商社マン」として、噂《うわさ》が一部残っているぐらいです。

ＨＳＵの第一期の卒業生で、真理企業《きぎょう》（幸福の科学の教えに基《もと》づいて経営する企業）ではない一般《いっぱん》企業に就職した人がいるのですが、その人は私の子供の友達だったので、子供がその会社を見学に行ったらしいのです。

その会社は衣料関係ですが、そこの社長が私のファンだということで、HSUの卒業生を採《と》ってくれていたのです。

子供は、その友達から「社長に会ってほしい」と言われて、会ったところ、子供のほうは理解が十分ではなかったのですが、「ニューヨーク時代の大川総裁を知っている」というような話をされ、そして、「大川総裁の〝コードネーム〟まで知っている」ということを言われたそうです。その社長は、当時、信託《しんたく》銀行に勤めていて、「ニューヨーク時代の大川総裁を知っているんだ」という話をされたらしいのです。そのようなことを、子供は多少混乱しながら聞いていたようです。

それで、「お土産《みやげ》に、これを持って帰りなさい」と、ネクタイやいろいろなものをもらって、喜んで帰ってきたのです。「何だか知らないけれど、パパのことを知っているということで、HSU生の採用もしてくれて、お土産まで頂いた」

というわけです。

しかし、調べてみたら年齢《ねんれい》が合わないので、ニューヨークで一緒《いっしょ》だったはずがありません。私がニューヨークにいたのは一九八二年から一九八三年なのですが、その社長の経歴を見ると、一九九四年慶応《けいおう》卒になっていて、十年以上たっているため、私と会っているはずがないのです。

その人は、一九九四年に銀行に入行してニューヨークに行った方なのだろうと思いますが、私の十数年あとに行った方が、私のことをそこで知ったということでしょう。それなのに、まるで一緒に仕事でもしていたかのような言い方をするほどのファンぶりであったらしいのです。確かに、私が「伝説の商社マン」であったのは間違《まちが》いありません。

そのように、働きも十分にしたけれども、さらにまた、宗教を立ち上げたわけです。

最近、学生時代の友達の夢をよく見るので、彼らは私のことを意識しているのだろうと思います。戦後、日本でこんなに仕事をした人は数えるほどしかいませんので、「どこまで行くのだろう」という感じで見ているのだと思います。

東大医学部卒の医師が私に言った内容、その思いと対応

映画「世界から希望が消えたなら。」では、「桃山《ももやま》先生」という名前の医師が出てきますが、そのモデルとなった実在の医師と次のような話をしました。

確か、『成功の法』（幸福の科学出版刊）が三百冊目ぐらいだったと記憶《きおく》していますが、「私は説法も九百回ぐらいやったし、本も三百冊も出して、だいたい説き終えたような気がするので、あとは、残っているとしたら、『晩年の法』というか、『老人の法』のところを説き切れていないのが少し残念ではあるのですが、それはどうにかならないこともないでしょうから、だいたい仕事が終わったと言

えば終わったんですかねえ」ということを、私は言ったのです。

すると、その先生は、「いやあ、まだ若いんだから、そんなこともないでしょう」というように答えていました。

その先生は東大医学部卒で、ハーバード大学の医学部に留学もしていた名医なのですが、私に対して、最初から、「この人は、普通《ふつう》の人とは違うのではないか。常人《じょうじん》とは違う人なのではないか」と感じていたようではありました。それで、周《まわ》りが唯物論《ゆいぶつろん》型医療《いりょう》をしようとするのを、一生懸命《いっしょうけんめい》に押《お》さえ込《こ》んでくれていたのです。

私としては、「これだけ働いたら、今回の人生はもういいかな」という気持ちもありました。

実は、前妻と結婚《けっこん》するときに、「もしかしたら、四十八歳《さい》ぐらいまでしか寿命《じゅみょう》がないかもしれないが、それでもいいかい」と、本人に確認したのです。それで、

「十八年か……。十八年間結婚できるなら構わない」という彼女の返事を聞いてから私は結婚したのです。

そして、二〇〇四年の五月に死ぬような病気をしたわけですが、その年の七月には四十八歳になるときだったので、言っていたとおりだったわけです。

したがって、私自身としては、「だいたい最低限の使命は果たしたかな」とは思っていたのです。やはり、それまでに著書を三百冊出すというのは、かなり普通ではなく、本当にそうとうなことだと思います。

初代のうちに「三代目までの仕事」に踏《ふ》み込《こ》んだ

世の中には、生まれもって尊いという人はたくさんいるでしょうし、そうしたスプリングボードに乗って〝ジャンプ〟している人もいるとは思いますが、私の場合は、生まれは本当に普通の庶民《しょみん》ですし、地方出身でもあります。

最近、「翔《と》んで埼玉《さいたま》」（二〇一九年公開／東映）という、埼玉県人をちょっと小バカにしたような映画を観《み》ました。「東京都二十三区から見たら、埼玉なんて田舎《いなか》だ」というような感じの映画ですが、八百万人近くも人口のある埼玉が、あのように小バカにされるようでは、四国の県などは、おそらく、南海の孤島のような感じに見えていることでしょう。

「そんな田舎から出てきて、『頑張《がんば》って努力して成功しました』などという話は、ほどほどでやめてもらいたい」と思うような東京エスタブリッシュメント（既存《きそん》の支配階級）の層は、おそらくいるだろうなと思ってはいましたが、「一代としては、ここまでぐらいで、ある程度のところまで行ったかな」という気持ちは持っていました。

確かに、普通の宗教で言えば、初代で建物は建たないのです。事務所ぐらいは建つかもしれませんが、教義を編《あ》むのが中心であり、講演等は行《おこな》っても、支部などはほとんど建たないのが一代目です。支部が全国に建ち始めるのが二代目で、三代目で初めて、政治運動に手を出したり、教育事業で学校をつくったりするのです。海外に少し教線が伸《の》び始めるのも、三代目ぐらいの仕事です。これは、教団が成功した場合ですが、成功して発展していった場合でも、そのくらいなのです。

ところが、私は初代でそこまで〝踏《ふ》み込《こ》んでしまった〟わけです。「後《のち》の代でやってくれるかもしれない」という考えもあったのですが、「自分が生きている間に、基本的なかたち、鋳型《いがた》だけでもつくっておきたい」という気持ちがあり、やれるところまでやっておけば、あとで、それを完成させたり発展させたりすることはできるのではないかと思って、さらに〝踏み込んだ状態〟になったのです。

でも、もし、病気をした四十七歳の段階で、「あなたは、これから二千回以上の説法をしなければなりません。そして、これから二千二百冊ぐらいの本を刊行することになります」と、イエス様でも誰《だれ》でもいいけれども、私に告げたとしたなら、さすがに、「これは〝しごき〟かな」と思ったでしょう。もう、縄《なわ》で縛られて、水責めか火責めをされるぐらいの重さに感じたのではないかと思います。当時は、そのくらいの感じだったのです。

この大病をした時期に、月刊「幸福の科学」の巻頭言（「心の指針」）を書きましたが、「これ以上書いたら、死ぬかもしれない」と言われて、九年分でやめたぐらいです。それから見れば、その後、こんなに働けるとは、当時は思いませんでした。

ともかく、「自分を鍛《きた》える」ということは、教えで説いていることなので、自分自身で実践《じっせん》して見せたわけです。

家族のほかに「公器《こうき》としての大きな組織」を背負う重み

それから、結果的には守り切れませんでしたが、守れるところまでは家族を守ろうと努力はしたつもりです。

ただ、「家族を守ることで、公務をおろそかにしてはいけない」という気持ちは持っていました。教団が発展していく段階に応じて、「公《こう》」と「私《し》」のバランスが変化していくところを察知《さっち》しながら、自分を客観視するのはとても難しいことでした。

例えば、日産のカルロス・ゴーン氏が公私混同をしたということで、刑事罰《けいじばつ》で追及《ついきゅう》されているのを見ると（説法時点）、「あれだけの世界的な経営者になってもそういうことを言われるほど、『公』と『私』のバランスは、やはり難しいことなのだ」というのはよく分かります。

要するに、家族から見ればおかしいわけです。頑張って頑張って教団を大きくし、実績をつくればつくるほど、家族の領域は肩身《かたみ》が狭《せま》くなるし、教祖をしている総裁のほうも、だんだんサラリーマンのように自分の身の回りに気をつけて、こぢんまりとしていって、警戒《けいかい》しなければいけなくなるなどというのは、家族から見ると、おかしく見えるのです。発展したのだから、もっと自由になっていいはずなのに、会社に雇《やと》われの身のように、だんだん縮《ちぢ》んでいくのです。

これは、日本でも海外でも同様に起きることであり、おそらく、一代で事業が大きくなった人以外は、経験することもないだろうと思います。そういうことを経験しました。

通常、リーダー的な人は、「自分をつくる」と同時に「自己実現する」ということを生きがいにしていて、そういう経験を人に広めていると思います。

しかし、例えば渡部昇一《わたなべしょういち》先生のような方にしても、言論のリーダーはしていたかもしれませんが、家族を養う以外の責任は負っていなかったと思うのです。自分自身の言論に対する評価については、反論したり、受けて立ったり、いろいろしていたとは思いますが、私のように、家族以外の「教団」というものを背負って言論を吐《は》く場合には、やはり重みがそうとうかかってはきます。

つまり、「もっと成長しなければいけない」という義務が、自分にかかってきているということです。今から思うに、実際、三十歳前のときに、「十五年後、自分がこれだけの宗教団体をつくることができるかどうか」というと、「伝説の商社マン」であっても、十分な自信はありませんでした。

それから、一九九〇年代には、もう、日本で私のことを知らない大人はいないと言われていましたが、私が病《やまい》になったのは、そのあとの段階なので、「もう一段、自分が発展しなければいけない。自分たちの団体も、もう一段、公器《こうき》とならなければいけない」という、それだけの重荷に耐《た》えられるかというのは、やはり厳しいことでした。

そういう意味での「試練」でもあったのかなと思います。「病に耐えて、克《か》てるか。おまえの精神力は、それだけ強いのか」ということです。

実際、あなたがたであっても、例えば、「心筋梗塞《しんきんこうそく》を起こしました。病院に搬《はん》入《にゅう》されました。緊急《きんきゅう》オペが必要です。臓器移植以外に助かる術《すべ》はありません」と言われた段階で、その後、こんな大きな事業ができるでしょうか。

全国に支部を建てる。全国に精舎《しょうじゃ》を建てる。全国を回り、海外巡錫《じゅんしゃく》をする。映画をつくる。政党をつくる。大学（ＨＳＵ）をつくる。

こんなことを、「あなたは臓器移植が必要で、臓器提供者が出るのを待たなければいけない」などと言われた段階で考えられるかといったら、それは無理でしょう。普通は、「家族のもとに帰れるかどうか」ぐらいしか考えられないレベルだろうと思います。

「死後の世界のエキスパート」なので、死への恐怖《きょうふ》はなかった

ただ、そのへんは難しいところではあるのですが、私は、生と死を通り越《こ》して、「死後の世界」について、ある意味でのエキスパートであったことは事実です。

要するに、仕事としては、すでに二十数年間、死後の世界の人たちと交流をし、彼らの言葉を本にしたり、講演会等においても手伝ってもらったりしていたわけです。実際に死後の世界の人たちと交流をしていた人間であり、「これ以上、生と死の両方を知っている人はいない」と自負していた人間なので、「生」と「死」に関して、普通の人が思うような恐《おそ》れを持っていなかったことは事実です。

普通、「死ぬ」ということは本当に終わりであり、この世の終わりだと、みな思うのでしょうが、私にとっては、死はそれほど遠い世界のことではなく、もう、「窓の外」ぐらいの世界であったのです。窓を開ければ、そこは死後の世界であ

ったわけで、そういうなかで生きていた自分が、死を恐れるなどということがあったら、本当に恥《は》ずかしいことです。

実際、仏教系の大僧正《だいそうじょう》のような人たちが、末期ガンなどになって病院に入院している姿が、いちばん見苦しいとよく言われています。もう、「死にとうない、死にとうない」と、みな言うのだそうです。「あと半年です」とか、「三カ月です」とか、「一カ月です」とか言われたら、「死にとうない。死んだらどうなるか分からん」と、不安でしかたがないらしいのですが、それがいちばん醜《みにく》いという話を、私も聞いたことがあります。

そのように、この世での修行《しゅぎょう》をしてあの世のことは全然知らないような大僧正とは違って、私は、「あの世の世界」を知っていたので、そういう意味での恐怖《きょうふ》心《しん》はなかったと思います。

「今、死んでもいいように生きる」と体が強くなった

エドガー・ケイシーやイエス・キリストなど、そのときに来ていた霊《れい》たちが言っていたことは、結局、「病気は治るから、復活せよ!」ということでした。

その当時は、その後の何十年分もの仕事を計画できるだけの頭はありませんでしたが、ただ一日一日を努力で改善し、自分自身の力をつけながら、一歩でも二歩でも前に進めるというような、本当に匍匐《ほふく》前進をしている感じでした。「這《は》ってでも前に進む」という感じだったのです。

「もう、いつ死んでもいい。一年後かもしれないし、三年後かもしれないし、五年後かもしれない」という言い方をしていて、毎日毎日、人生の清算をするつもりでいたことは事実です。

そのように、「今、死んでもいいように生きる」ということをやっていました。

あとは、リハビリ中なども、「どうせ死ぬなら、執着《しゅうちゃく》が残らないようにしよう。日本の名作や世界の名作で、読み残しがあったら執着が出るかもしれないから、病気をして、みなが〝緩《ゆる》く〟観察しているときはせっかくのチャンスなので、この期間に名作という名作を、もう全部読んでしまおう。病気が治るまでに読んでしまっても構わないはずだ」と思って、日本の名作から世界の名作まで、かなり読みました。そういう意味では、休息を与《あた》えてくださったのかなとも思います。

したがって、ずっと先まで見通していたかといえば、そこまで言う自信はありません。

ただ、この世的な議論を聞けば、不安になることばかりではありましたが、とにかく、「一日一生《いちにちいっしょう》をモットーとして生きる」ということと、あとは、やはり、「不惜身命《ふしゃくしんみょう》」でした。

要するに、「もう一回もらった命と思って、やれるところまでやる」ということです。ある意味で、それは自殺願望だったのかもしれませんし、「死んでも構わない」と思ったからやれたのかもしれませんが、死んでも構わないと思ってやればやるほど、体が強くなっていったような感じがするので、これは不思議なところです。「まだ働けたのか」という感じでした。

「何を捨て、何を選ぶか」――宗教者の可能性とは

十分には説明できないのですが、夜中の孤独のなかで、町全体のことや、世界のことなど、いろいろなことを考えました。いろいろな生活をしている家族、いろいろな家庭のことや、日本の政治、マスコミ、教育のこと、あるいは、世界で生きている人々や、戦争の危険があるところなど、さまざまなことについて思いを巡《めぐ》らせました。

そうすると、「自分として自己実現的にやれるのは、こんなものかなと思って

いたけれども、まだやれていない仕事は、そうとうあるな」と思いました。さらに、「自分がエル・カンターレであることを信じ切ることができるのなら、やはり、仏陀やイエスを超《こ》えた仕事をしなければならない」とも感じました。

自分としては、まだそこまでは行っていないかもしれないという気持ちがあったので、「もう一段の仕事が要《い》るのかな」という気がしました。それは、今も続いていることではあります。

そういう意味で、何回かの人生を生きている感じがありますし、「自分はめったに生まれ変われないから、せっかく生まれたときには、貪欲《どんよく》に生きよう」という面もあったかと思います。

しかし、人生というのは、最後は、やはり「選択《せんたく》」だと思います。それは、「選び取る」ということですが、やはり、何かを捨てなければ、何かを得ることはできないと思います。

そのときに、「あなたは何を捨てますか。何を選びますか」という問いはずっと続くということです。船が沈没《ちんぼつ》するというなら、大事な積荷もどんどん捨てていくでしょう。それで、「最後に何を残しますか」ということです。

そのように、「一日一生」の教えと、「不惜身命」の教えは、とても大事なものだったと思います。

一般的にも、家族の側から見れば、ご主人が「不惜身命で生きる」などと言うと、〝発狂《はっきょう》した扱《あつか》い〟になる可能性はあります。「あなたに、そんな使命はないわよ」と言われて〝終わり〟になる可能性もあるでしょうが、「自分の使命を自分自身で確かめる」ということも、大事なことだと思っています。

現在、私は、そうした病気をしたあと十五年間生きて、息子《むすこ》たちが嫌《いや》がるぐらいやる気がある状態なので、少しこれを隠《かく》さなければいけないのかなと感じているところです。

そういうわけで、「もう、そんなに長くはないかもしれない」と言いつつ、粘《ねば》りたいと思っています。「あまり元気いっぱいでいられると、本当に困るんだけど」と言われるのではないかと、少し心配はしているのですが、私はめったに地上に出てこられないので、そう言わずに、五年、十年、余計に働かせてくだされぱありがたいと思っています。

宗教者の可能性として、どこまでやれるのか、行けるところまでやってみたいなというのが、今の心境です。

あとがき

映画で主人公の御祖真《みおやまこと》（天御祖神《あめのみおやがみ》からその名をとった）が書くことになっている『新復活』と同名の本を出すことになった。一日一生《いちにちいっしょう》のつもりで生き続け、四十七歳で死にかかった私は、現在六十三歳になっているらしい。この年齢《とし》では、日蓮《にちれん》も空海《くうかい》も使命を終えて帰天《きてん》している。

釈尊《しゃくそん》は、当時の年齢で満八十歳（今なら百二十歳に相当）まで法を説き続けた。とりあえず次の目標はこのあたりである。

もし許されれば、親鸞《しんらん》のように、九十歳超《ご》えの現役も目指したいものだ。

私の魂の一部でさえ、三千年に一度ぐらいしか、この世には生まれ変われない。エル・カンターレ本体は、一億五千万年ぐらいは再誕《さいたん》はなかろう。一人でも多くの人に、この法を伝え続けたいと思う。

二〇一九年　八月十五日

幸福《こうふく》の科学《かがく》グループ創始者兼総裁《そうししゃけんそうさい》　大川隆法《おおかわりゅうほう》

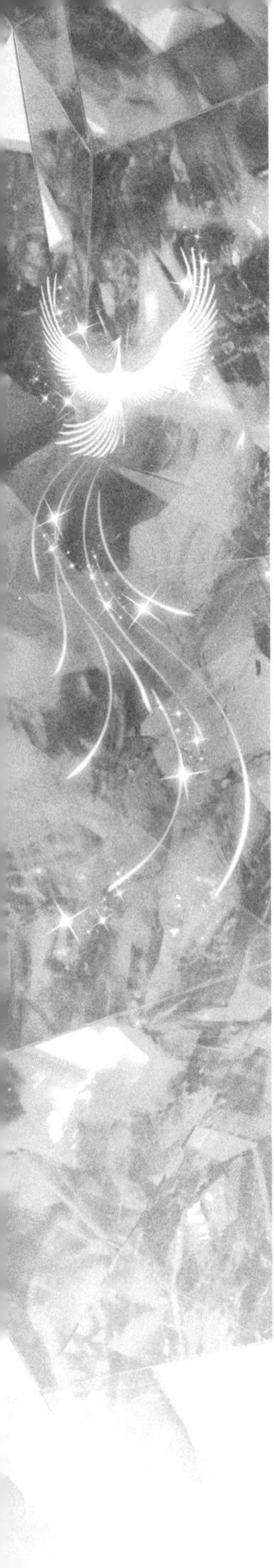

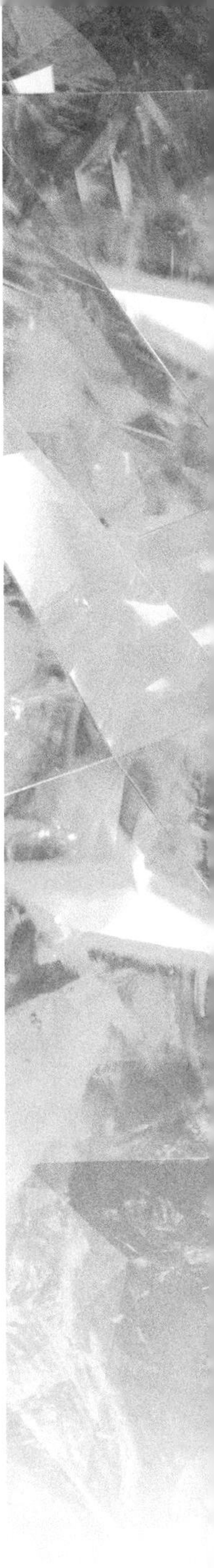

特別付録

一《いち》日《にち》一《いっ》生《しょう》、不《ふ》惜《しゃく》身《しん》命《みょう》

大川隆法　伝道の軌《き》跡《せき》

幸福の科学総合本部 編

救世主と共に、世のため人のために生き抜《ぬ》け

「光と闇《やみ》」「善と悪」を同時代において分かつもの、
これが「救世主の力」です。
そして、「救世主の願い」です。
人々に、
「あなたがたが本当に向かうべき方向は、
どちらであるのか」を指し示し、
悪を思いとどまらせ、善を選び取り、
その方向で生きていくように導き、
来世《らいせ》への道を拓《ひら》く。
これが「救世主の仕事」であるのです。

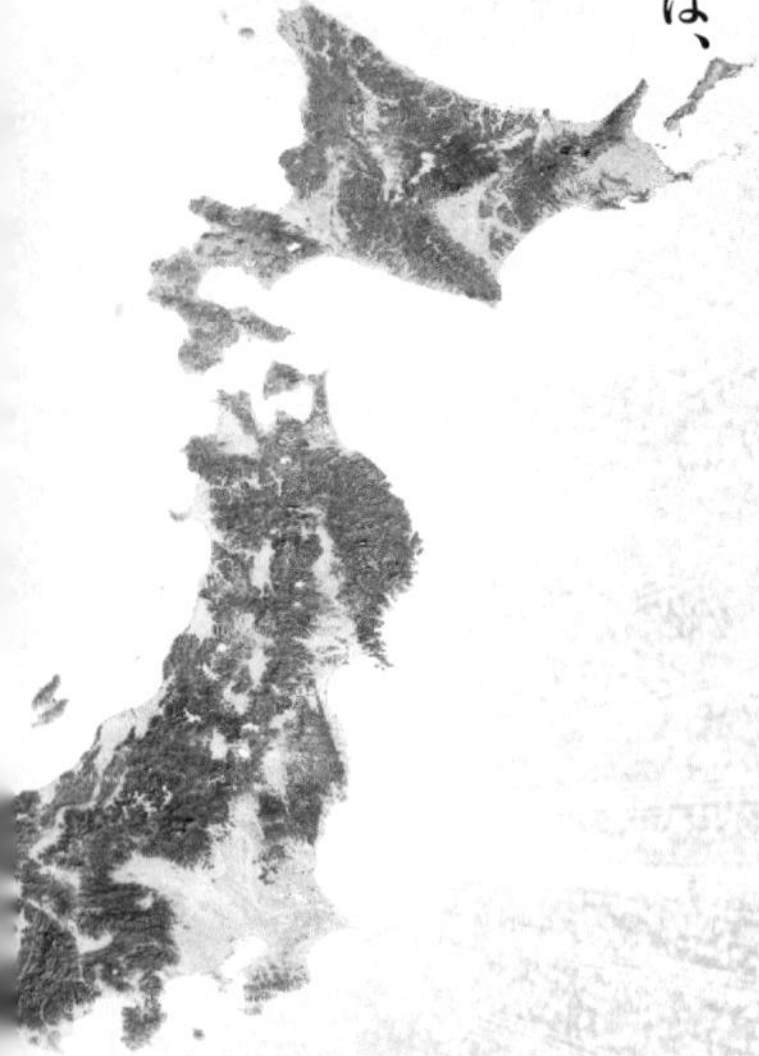

また、政治に転化しては、
「この世における地獄《じごく》をつくらせないための
防波堤《ぼうはてい》をつくっていくこと」も大事ではあろうと思います。

どうか、
心を純化し、浄化《じょうか》し、常に原点に帰って、
「世のため人のために生き抜《ぬ》くことこそ、
自分に与《あた》えられた百年の生涯《しょうがい》である」と自覚してください。
それが大事であると思います。
そして、
その自覚を忘れないために、
常に霊的《れいてき》なことに目覚めて生きていくことが大事だと思うのです。

（『鋼鉄の法』より）

一九五六年七月七日、生誕
二十四歳《さい》で大悟《たいご》し、東京からニューヨークへ

何か、より高次なものへ、
高尚《こうしょう》なものへ向けて
自分が努力をしているという感覚が、
たまらなく好きだったのです。
（『若き日のエル・カンターレ』より）

小学4年生から勉強部屋として使った自宅離れの家。2階南側の部屋が大川総裁の勉強部屋となった。この建物は現在は取り壊されている。

大川総裁の生誕地・徳島県を流れる吉野川。

一九五六年七月七日午前七時、大川隆法総裁は、徳島県麻植《おえ》郡（現・吉野川《よしのがわ》市）川島町《かわしまちょう》に生まれました。幼少期より努力を重ね、東京大学法学部に進学。「諸学問の統合をしたい」という志《こころざし》を胸に、夜を日に継《つ》いで勉学に打ち込《こ》みました。

大学卒業が目前に迫《せま》った一九八一年三月二十三日の午後二時過ぎ、「イイシラセ、イイシラセ」と福音《ふくいん》を告げる自動書記が始まりました。これが「大悟《たいご》」の瞬間《しゅんかん》でした。

大川総裁は、東京大学の先輩《せんぱい》である大手総合商社の常務から直々《じきじき》に請《こ》われ、同年春に入社。東京本社に勤務の間も天上界《てんじょうかい》との霊的《れいてき》交流は続き、七月には大川総裁の魂《たましい》の分身である釈尊《しゃくそん》が現れ、大川総裁が「エル・カンターレ」という霊存在であり、その使命は仏法《ぶっぽう》の流布《るふ》による一切《いっさい》の衆生《しゅじょう》の救済にあることを告げました。

高校時代は剣道部に所属。部活と勉学を両立させ、昼食の時間も惜しんで勉強に打ち込んだ(右)。写真の道着(上)は、大学時代のもの。

一九八一年三月二十三日、
春の陽射しがやわらかい午後、（中略）
突然《とつぜん》、自室の中に
目に見えないものの気配《けはい》を感じました。（中略）
すると、鉛筆《えんぴつ》をもつ私の手が、
まるで生きもののように動きはじめ、
「イイシラセ、イイシラセ」とカードに何枚も
書きはじめたのです。（『太陽の法』より）

1980年代に大川総裁が勤務していた総合商社のニューヨーク本社が入っていたマンハッタンのワールドトレードセンタービル（左写真、当時）。右写真は、当時の大川総裁。ワシントンD.C.のリンカン記念館にて。

三十歳《さい》で退社・出家《しゅっけ》し、立宗《りっしゅう》
全世界伝道へ、奇跡《きせき》の大発展

**これから約五十年間、
私はみなさんの前で講演をし、
執筆《しっぴつ》をしていきます。
五十年間あれば、
そうとうのものができると思います。**

(法話「幸福の科学発足にあたって」より)

大川総裁の初説法の様子。質疑応答も合わせて2時間半に及んだ(初転法輪)。

大川総裁は、一九八六年、三十歳《さい》で総合商社を退社・独立し、その十月六日に幸福の科学を立宗《りっしゅう》。十一月二十三日には「幸福の科学発足《ほっそく》にあたって」と題して、初の説法《せっぽう》を行いました(初転法輪《しょてんぽうりん》)。このとき全国から集まった聴衆《ちょうしゅう》は八十七名でした。

四カ月後に開催《かいさい》された初の講演会「幸福の原理」では、その五倍の聴衆が参加。以後、大川総裁は次々と講演会や研修会を開催。聴衆は増え続け、一九九〇年には幕張《まくはり》メッセなど大型会場での連続講演会も満杯《まんぱい》となり、一九九一年には東京ドームで五万人規模の大講演会を行います。

また、大川総裁は第二回講演会「愛の原理」で幸福の科学の三十年間の未来ビジョンを発表しています。宗教改革、政治改革、教育改革、芸術の改革などの諸改革、そして海外展開を予言し、現在、そのとおりに具体化しています。

1987年「愛の原理」ですでに予言されていた教団30年の歩みと未来ビジョン（法話「愛の原理」より）

第１段階

これから10年間、宗教改革の嵐が日本全土に広がっていく。

第２段階

政治の改革、経済の改革、教育の改革、芸術の改革、文学の改革、企業制度の改革など、根本からすべてを変えていく。

第３段階

20 ～ 30 年後、私たちの書籍は海外に出て、ユートピア運動のうねりが日本から世界へと広がっていく。

1986年10月6日、幸福の科学立宗時の事務所（東京都杉並区）。この六畳一間が出発点となった。

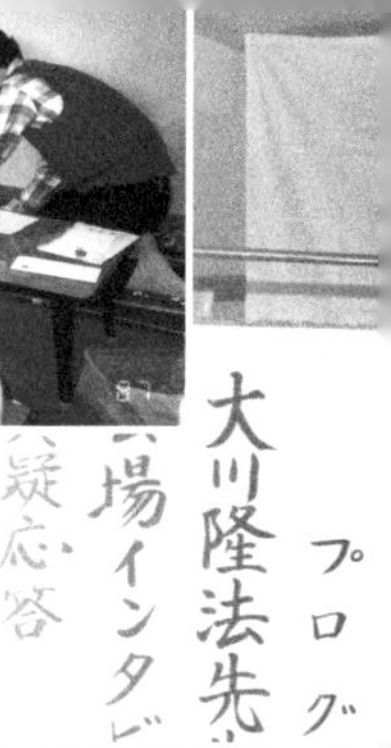

1995年3月18日、信者有志がオウム教への強制捜査を求めてデモ行進（東京都内）。この活動が警察を後押しし、4日後、オウム教施設に強制捜査が入った。

1990年、日本各地の書店に続々と特設された「大川隆法著作コーナー」。

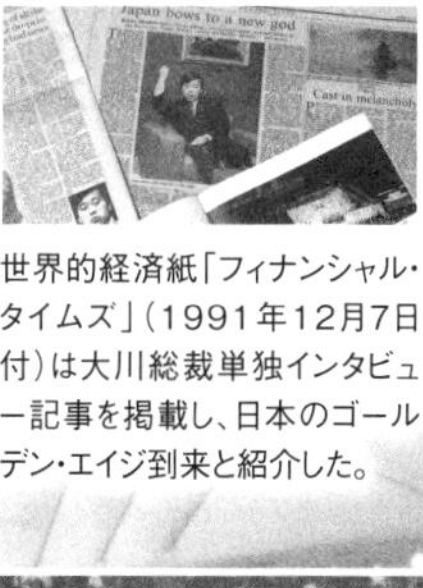

世界的経済紙「フィナンシャル・タイムズ」（1991年12月7日付）は大川総裁単独インタビュー記事を掲載し、日本のゴールデン・エイジ到来と紹介した。

1992年7月10日、東京ドームで開催された「御生誕祭」。法話は「イニシエーション（秘儀伝授）」。

九一年からは、五年間ほど、東京ドームを使いましたが、最後には、東京ドームにも入り切らなくなり、冗談《じょうだん》で、「太平洋上にタンカーでも浮《う》かべてやるか」という話も出るぐらいになりました。そういう流れで、とにかく、大きくなっていったのです。

（『宗教立国の精神』より）

全人類一人ひとりの魂《たましい》を救いたい——世界各地に幸福のインフラづくり

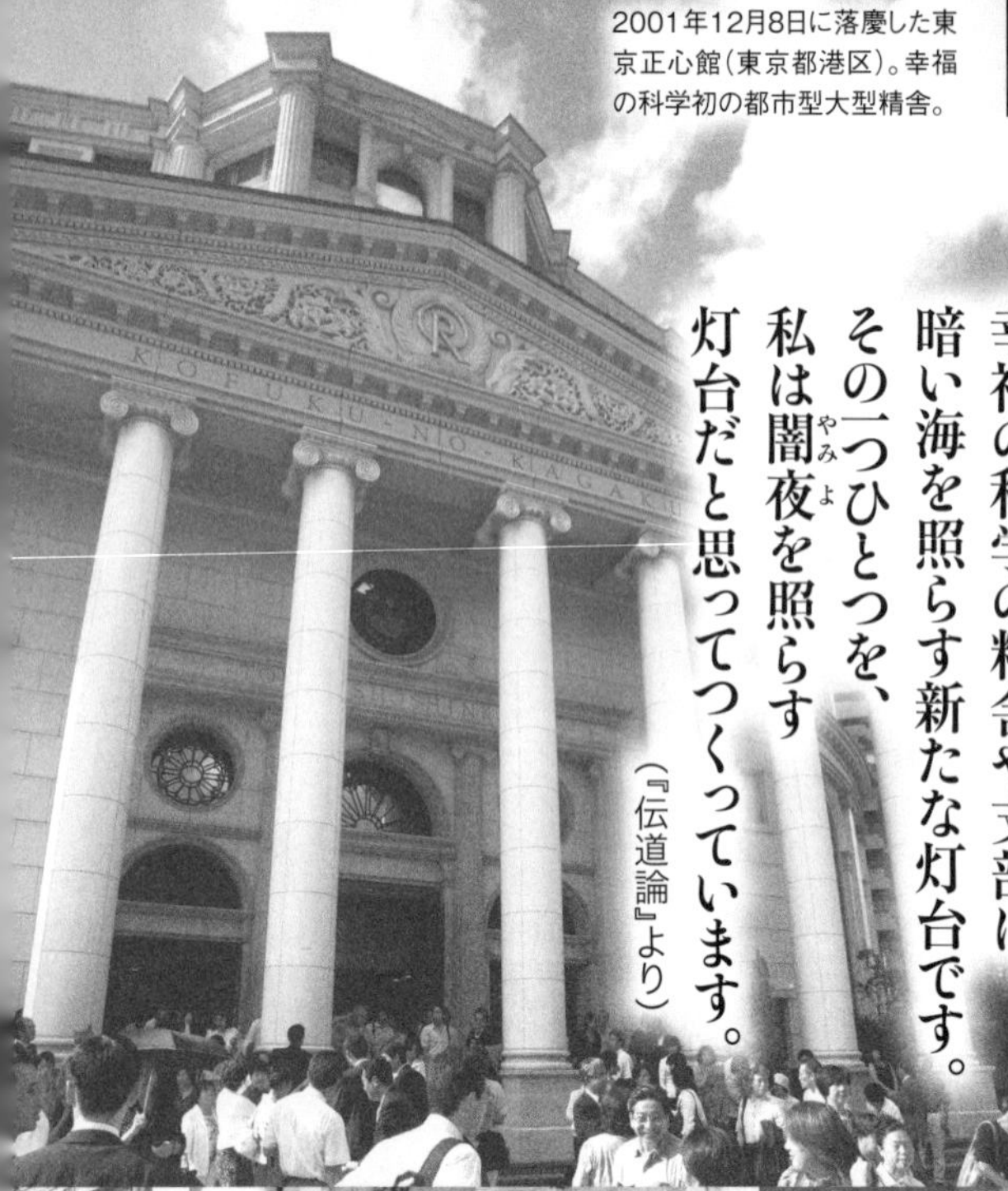

幸福の科学の精舎《しょうじゃ》や支部は、暗い海を照らす新たな灯台です。その一つひとつを、私は闇夜《やみよ》を照らす灯台だと思ってつくっています。
（『伝道論』より）

2001年12月8日に落慶した東京正心館（東京都港区）。幸福の科学初の都市型大型精舎。

立宗《りっしゅう》から十年。一九九六年に大川総裁は幸福の科学初の大型精舎《しょうじゃ》、総本山《そうほんざん》・正心館《しょうしんかん》（栃木《とちぎ》県宇都宮《うつのみや》市）を建立《こんりゅう》。以降、全国に大型精舎を続々と建立していきます。さらに、二〇〇二年四月からは全国各地に支部精舎の建立が本格化。

こうした施設《しせつ》には役割があります。大型精舎は本格的な宗教修行《しゅぎょう》の場として、支部精舎は地域を照らす光の灯台として救世活動の現場となっています。

この動きは海外にも広がり、二〇〇六年十二月には、初の海外大型精舎、ハワイ精舎が、その後、ブラジルやオーストラリアにも精舎を建立。さらに支部精舎建立が始まり、全世界に光のネットワークが形成されつつあります。

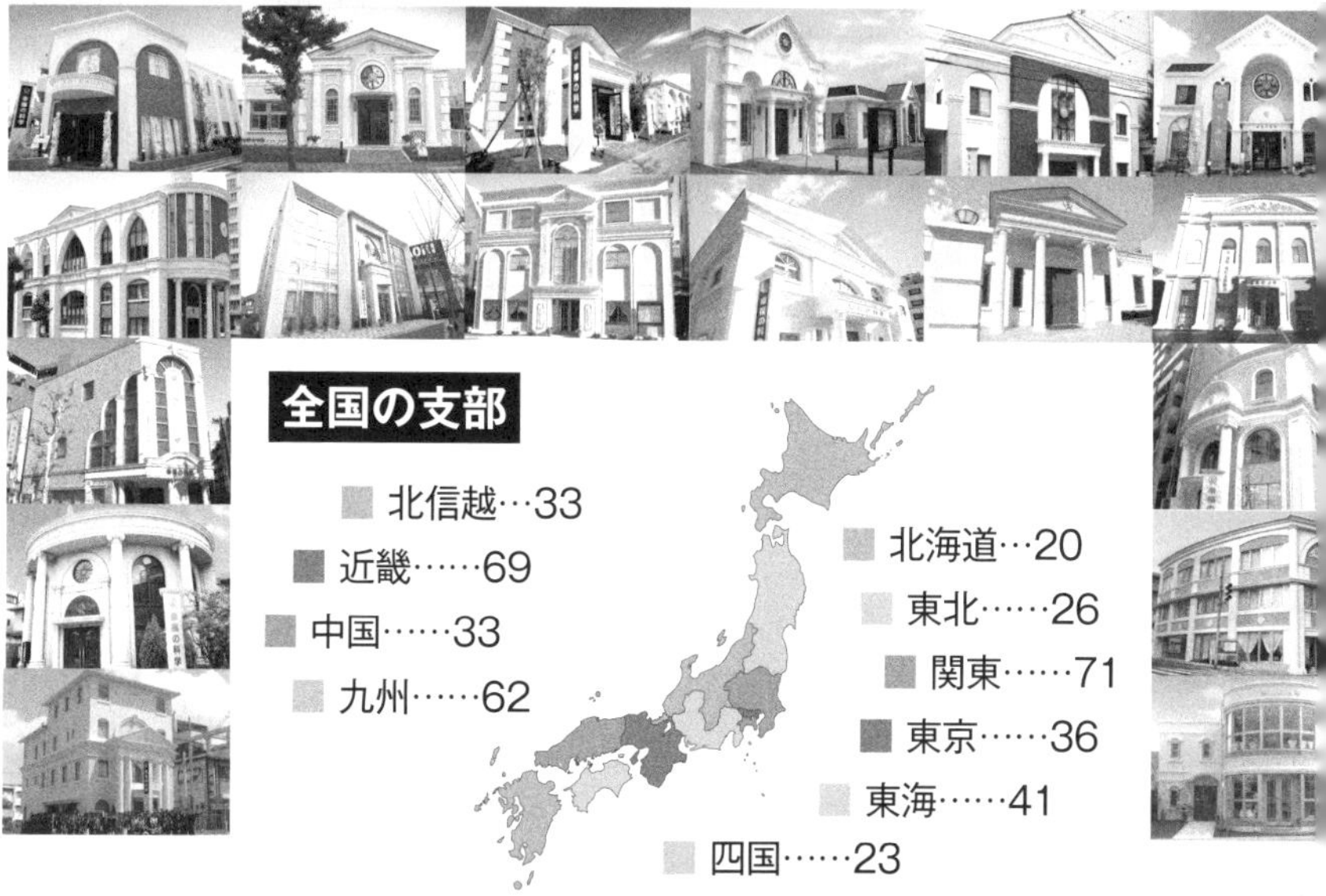

世界の大型精舎、
支部精舎、支部、拠点数
700カ所以上

布教所数
約10,000カ所

（2023年5月現在）

支部、精舎のお問い合わせは、
幸福の科学サービスセンタ
【03-5793-1727】まで。
（受付時間／
火～金：10～20時
土・日祝：10～18時（月曜を除く））

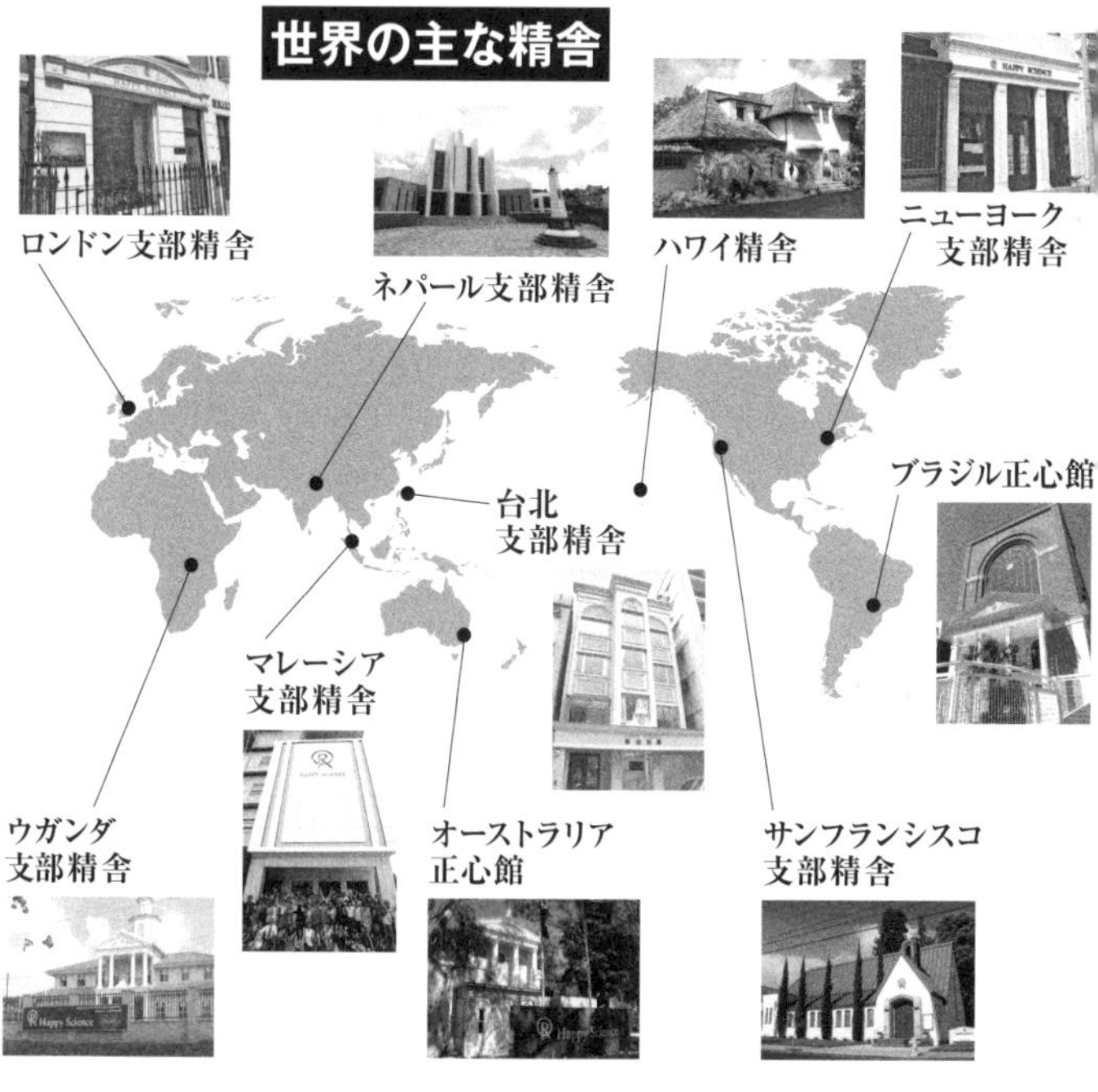

この灯台の光を高く強く掲《かか》げたいのです。
どこまでも高く、どこまでも強く、一つでも
多く掲げたいのです。（『伝道論』より）

第三の死

私は二十四歳《さい》のときに仏陀《ぶっだ》となり、
三十歳のときに教えを説き始め、
四十七歳のときに、第三の死、
肉体上の死を迎《むか》えました。
私は「よみがえり」なのです。
私は「生まれ変わり」なのです。
去年（二〇〇七年）、
私は、仏陀から救世主になることを決心しました。
これが、私の「第三の死」の意味であると思います。
私は仏陀でした。
私は今、真の仏陀であるとともに、
救世主になる必要があるのです。
これが、私の「第三の死」の意味です。
私は、この全世界から、この宇宙から、
もう一つの命を与《あた》えられ、
「まだ残された使命がある」と告げられました。

本書第一章と二章に述べられたとおり、二〇〇四年五月十四日、大川隆法総裁は激しい心臓発作《ほっさ》を起こしました。病院で検査の結果、大川総裁は医師から「あなたの心臓は収縮していない。心臓が止まっているので、あなたは死んでいる」と診断《しんだん》され、医学的には〝死の判定〟のまま入院、集中治療室《ちりょうしつ》に入りました。

そうしたなか、大川総裁は、自《みずか》らの復活を確認し、聖務《せいむ》を開始。すなわち『成功の法』（二〇〇四年九月発刊）の著者校正や月刊誌のオープニングメッセージ「心の指針」を九年分執筆《しっぴつ》したのです。そして、二週間で退院します。

この事実は四年後の説法《せっぽう》「About《アバウト》 An《アン》 Unshakable《アンシェイカブル》 Mind《マインド》（「不動心」について）」で初めて明かされました。そのなかで大川総裁はこのときのことを回想し、「第三の死」を迎《むか》え、救世主として「不惜身命《ふしゃくしんみょう》」の姿勢で伝道に生きる決意をしたと語っています。

どうか、この教えを全世界に弘《ひろ》めてください。
それが、私の望みであり、私の仕事であり、
私の使命です。
去年の六月、私は決意を固め、
「不惜身命《ふしゃくしんみょう》で生きる」と言いました。
「lay《レイ》 down《ダウン》 my《マイ》 life《ライフ》」とは、
日本語で「不惜身命」という意味です。
私は、不惜身命の覚悟《かくご》を固め、
日本のあらゆる支部で数多くの説法《せっぽう》を行いました。
そして、海外にも行き、
命尽《つ》きるまで、この教えを広げたいのです。
あなたがたは、
「エル・カンターレは真の仏陀であり、
救世主の使命をも持っている」
ということを知らなくてはなりません。
私は「復活」なのです。

（“About An Unshakable Mind”（「不動心」について）より）

月刊「幸福の科学」の巻頭を飾る
「心の指針」（2005年1月号から）。

奇跡《きせき》の復活は、一人ひとりの魂《たましい》を救うため
全国・全世界の各地へ伝道講演

二〇〇七年は、（中略）勇気の大切さ、挑戦《ちょうせん》すること、チャレンジすることの大切さを、機会を捉《とら》えて何度も語りました。それを言葉で語るのみならず、私も、みずから全国の支部を回り、また、海外の支部へも行ってきました。

（『君よ、涙の谷を渡れ。』より）

2007年10月28日　高松支部精舎巡錫

大川総裁は「第三の死」から奇跡《きせき》の復活を遂《と》げた翌年、二〇〇五年九月に「幸福の科学の未来について」の説法《せっぽう》で、二一〇〇年までの支部精舎《しょうじゃ》・支部の発展構想案を発表します。

そしてその二年後、日本全国での●巡《じゅん》錫《しゃく》を始めます。巡錫は、六月二十六日の広島支部精舎からスタートし、二年後の二〇〇九年十二月には四十七都道府県すべてを踏破《とうは》しました。

さらに二〇〇七年十一月、ハワイ支部で、初の公式の海外英語説法を果たします。この海外初転法輪《しょてんぼうりん》となる歴史的説法から、ワールド・ティーチャー（世界教師）としての使命の歯車が本格的に回り始めたのです。

●巡錫とは、各地を巡り歩いて教えを弘めること。

全人類を幸せにする未来ビジョンを提示

2005年9月25日、「幸福の科学の未来について」と題して説法、幸福の科学の未来ビジョンを発表した。

日本全国での巡錫を開始

2007年8月26日　仙台南支部精舎巡錫

2007年11月3日
武蔵野支部精舎巡錫

2007年9月19日
大分支部精舎巡錫

2007年11月11日　京都中央支部精舎巡錫

2007年10月8日　杉並支部精舎巡錫

全世界での巡錫を開始

**If《イフ》 El《エル》 Cantare《カンターレ》 is《イズ》 with《ウィズ》 you《ユー》,
There《ゼア》 are《アー》 no《ノー》 enemies《エネミーズ》.**

（エル・カンターレがあなたがたと
共にあるとき、あなたがたは無敵です）
（"Be Positive"〔積極的であれ〕より）

2007年11月18日、ハワイ支部巡錫。海外初の公式説法、法話『Be Positive』を説く（海外初転法輪）。

世の中を変革する
教えを刊行

説法《せっぽう》の言葉がそのまま書籍《しょせき》に

北朝鮮《きたちょうせん》、韓国《かんこく》、それから中国の大きな問題を、何とか、私の時代に乗り越《こ》えたいと考えているわけです。

二〇一七年二月十一日 法話「信じる力」より

大川隆法総裁は数多くの書籍《しょせき》の発刊を続けています。最新の時事問題と学問を踏《ふ》まえたテーマを、分かりやすい言葉で語り下ろし（説法《せっぽう》）、それを書籍でも発刊しています。また、霊界《れいかい》や天国・地獄《じごく》、神々から地獄霊までの数多くの霊の存在を証明し、この世で生きる人のあらゆる問題を解決するために数多くの霊言集を発刊。数多くの人々が学び続けています。

多くの聴衆《ちょうしゅう》に向けて語られた
3500回の
説法《せっぽう》の言葉が、

そのまま本になり――

大川総裁の説法《せっぽう》の映像は、幸福の科学の全国・全世界の支部や精舎《しょうじゃ》で公開しています。書籍《しょせき》は支部・精舎のほか、全国の書店やインターネットでも。詳《くわ》しくは巻末「グループ紹介《しょうかい》」参照。

1985年以降**3100**書 以上
が発刊され、41言語に翻訳《ほんやく》。
（2023年5月時点）

大川総裁自身の意識での「法話《ほうわ》」

大川総裁自《みずか》らの本心、悟《さと》りをもとに語り下ろす説法《せっぽう》です。あらゆる民族、国境、宇宙の価値観を超えた救世主の視点から説かれるその内容は、普遍《ふへん》性があり、あらゆる人を幸福にする教えです。英語での説法も150回を超《こ》えています(2023年5月時点)。

霊界《れいかい》の霊の言葉——「霊言《れいげん》」

「霊言《れいげん》」とは、霊を招き、その思いや言葉を語り下ろす神秘現象です。外国人の霊の場合、霊言を行う人の言語中枢《ちゅうすう》から、必要な言葉を選び出し、日本語で語ることが可能です。霊言・リーディングの収録は1300回以上、公開霊言シリーズは600書を超《こ》えます(2023年5月時点)。

「守護霊霊言《しゅごれいれいげん》」とは?

守護霊《しゅごれい》とは自分自身の魂《たましい》の一部で、いわゆる「潜在《せんざい》意識」と呼ばれる存在です。「守護霊霊言《れいげん》」は本人の潜在意識にアクセスしたもので、その人が心の奥底《おくそこ》で思っている本心であると考えられます。

大川総裁の説法の種類

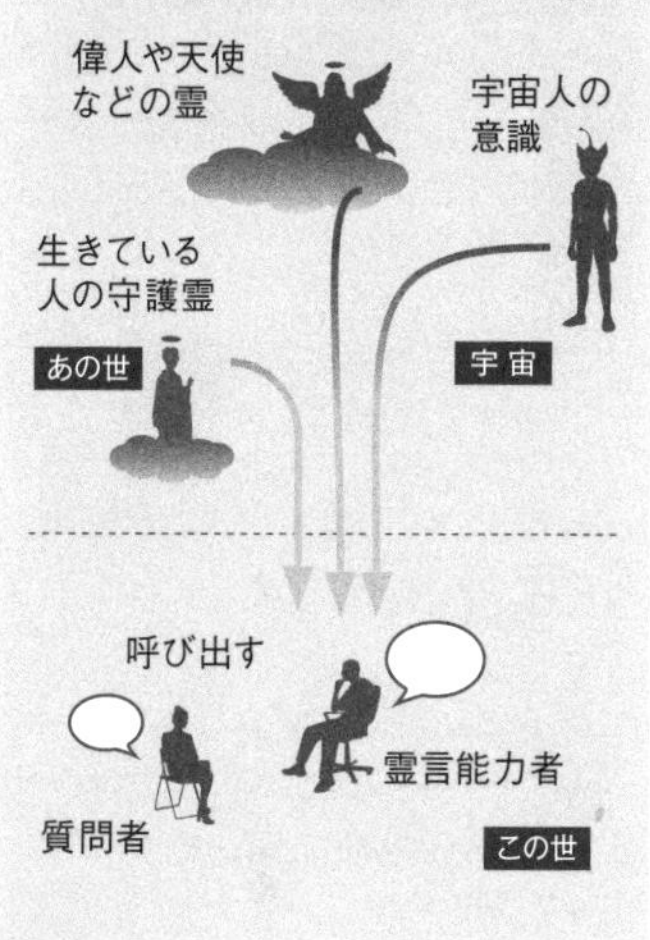

「宇宙人リーディング」とは?

「宇宙人リーディング」とは、地球に転生《てんしょう》してきた宇宙人の魂《たましい》の記憶《きおく》を読み取ることです。宇宙人だった当時の意識を現在に呼び出して、本人に語らせることもできます。

*このほかにも離《はな》れた空間を霊視《れいし》する「遠隔透《えんかくとう》視《し》リーディング」なども公開で行われている。
*「霊言《れいげん》」は霊人《れいじん》の意見であり、幸福の科学グループの見解と矛盾《むじゅん》する内容を含《ふく》む場合がある。

2018年4月19日に行われた公開霊言「司馬遼太郎《しばりょうたろう》『愛国心』を語る」の収録風景。

あらゆるジャンルで
経典を刊行

心や生活習慣の整え方から仕事や経営、日本や世界の未来像まで

大川隆法総裁は、これまでに三千五百回の説《せっ》法《ぽう》をし、それが三千百書に及《およ》ぶ書籍《しょせき》となっています。その教えは、約七割が「心の教え」であり、全体としてあらゆるジャンルに及んでいます。

個人としての心の持ち方から人生の歩み方、組織の経営から国家運営、国際問題の解決に至るまで、説法のテーマは幅広《はばひろ》く、目まぐるしく変化する現代のさまざまな疑問、社会問題に現在進行形で答えています。

あなたの関心のあるテーマがきっと見つかるはずです。

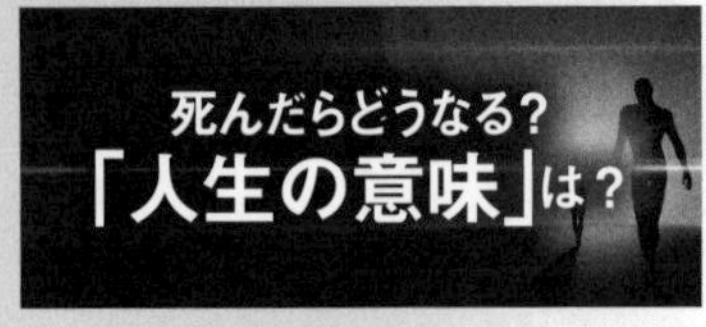

「人生の意味」は？

- 人は死んだらどうなるか？
- 人生の本当の意味とは？
- 愛する人との死別が悲しい
- 人間の前世《ぜんせ》、魂《たましい》の傾向《けいこう》性、今後の運命は？ etc.

病気を治したい

- ガンや鬱《うつ》、その他の病気で悩《なや》んでいる
- 医者から「治らない」と言われた
- 慢性病《まんせいびょう》がつらい
- 愛する人の病気を治したい etc.

エイジレスに
若返りたい

- 病にならない心の持ち方、性格づくり
- 心の若返り　●気力の保ち方
- 愛溢《あふ》れる人間関係
- 頭と体を若返らせる習慣づくり etc.

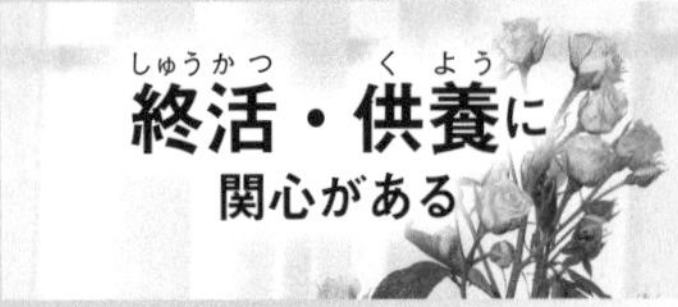

終活《しゅうかつ》・供養《くよう》に
関心がある

- 終活《しゅうかつ》をしているが人生に「思い残し」がある
- あの人を許していない。感謝できていない
- この供養《くよう》で効いているの？
- 供養の際に注意すべき点 etc.

大川総裁の説法の映像は、幸福の科学の全国・全世界の支部や精舎で公開しています。
書籍は支部・精舎のほか、全国の書店やインターネットなどでも。詳しくは巻末「グループ紹介」参照。

- 夫婦《ふうふ》関係の悩《なや》み ● 伴侶《はんりょ》の実家との付き合い
- 仕事と家庭の両立の悩み
- 家庭の不運が続いている
- 家庭に幸福感が薄《うす》い etc.

- 職場の人間関係 ● 天職を得るには
- 仕事力を上げるコツ
- 経営を基礎《きそ》から学ぶには
- 英語力up ● 知力・教養力up etc.

- 北朝鮮《きたちょうせん》・中国の脅威《きょうい》、テロや紛争《ふんそう》の危機などが、仕事や家庭、自社の業績や海外展開に今後どう影響《えいきょう》する? etc.

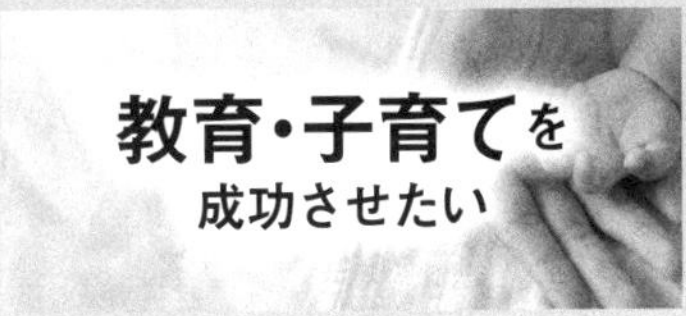

- 「してよいことと悪いこと」を子供に教えるのに苦労する
- 成功するための賢《かしこ》さを教えたい
- 諦《あきら》めない心を子供に教えるには etc.

- 心理学では変われなかった
- ブレない自分、優《やさ》しい自分になりたい
- 器《うつわ》の大きな人間になりたい
- リーダーの人望力を得たい etc.

- マスコミ情報にはない政治・経済の未来情報、手取り収入の伸《の》び悩《なや》み、自社事業の伸び悩みや継承《けいしょう》不安、老後の不安、国防への不満、政治への不満 etc.

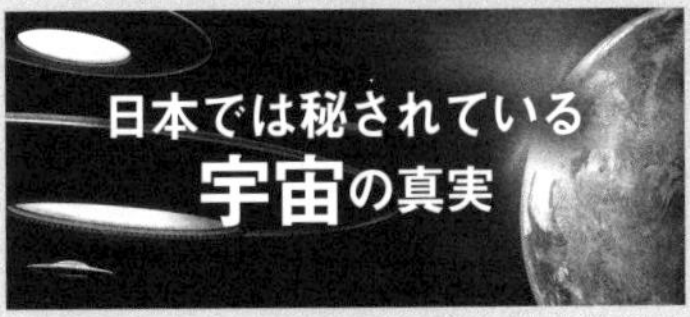

- 宇宙人は地球に来ているのか
- UFOは宇宙人の乗り物なのか
- 宇宙人が地球に飛来する目的とは
- 地球の未来はどうなるのか etc.

国内外の書店で大反響《だいはんきょう》

東京の丸善丸の内本店

台湾・台北の誠品書店(台湾最大の書店チェーン)

ドイツ・ベルリン最大規模のドゥスマン書店

小説・詩歌・格はいく・箴言集――人々の魂の成長につながる作品を発刊

中学・高校・大学、社会人時代の作品群

日常の思いを綴った「格はいく集」

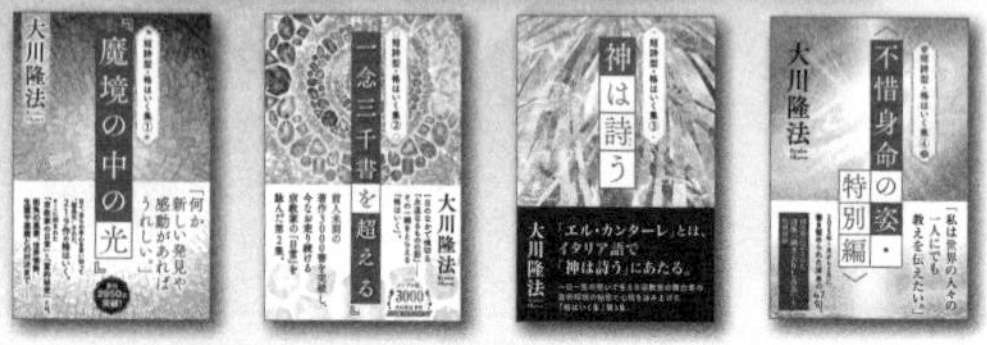

「思想の源流」が明かされる

二〇二一年は、大川総裁が若き日に綴った詩篇、小説、紀行文、俳句、短歌、論考類が相次いで見つかり、発刊されました。大川総裁が宗教家として立つ以前に書かれた手稿は、「思想の源流」や「悟りへの軌跡」が明かされた、人類にとって貴重な書籍となりました。さらに、詩篇は、大川総裁自身の作曲により歌となり、詩篇絵本シリーズとして絵本にも展開。幅広い層が教えを知ることができるよう、「美の世界」が開かれました。

また、霊的世界の探究を重ねていた商社時代に書かれた論考類は、「原説・『愛の発展段階説』」として発刊。幸福の科学の基本書である『太陽の法』に先立つ、大川総裁の基本思想と原説が世に示されました。

文芸を通して示される真実の世界観

二〇二一年の『小説　地球万華鏡』を皮切りに、二週間余りで一作を書き下ろすなど、驚異のスピードで次々と小説を発刊。時事問題を取り上げつつ、混迷する地球の危機に警鐘を鳴らす『小説　十字架の女』シリーズ、大川総裁が経験した事実をもとに人格向上の道を示す小説「鏡川竜二シリーズ」、宇宙や地獄などの真実の世界観を示した『小説　揺らぎ』『小説　地獄和尚』が発刊されています。

また、小説と同時に、「格はいく集」や「箴言集」を書き下ろし、発刊されました。大川総裁の格はいくを通して、人類救済に向けた宗教家の日常と霊的秘密が明かされました。さらに、若い人たちや本を読むのが苦手な人にも分かりやすい短文の体裁で綴られた箴言集は、人生を好転させる百の言葉が記されています。大川総裁は、文芸も含めた様々な切り口を通して、人々の心を救済し、幸福にしていく真理を数多く発信しているのです。

救世主が起こす
奇跡現象①

救世主のパワーが解き放たれるとき あらゆる奇跡《きせき》が起き始める

今後は、今の十倍も百倍も、病気が治る現象が起きてくるようになるだろうと思います。（中略）信じる力が強くなれば、奇跡《きせき》は、しだいに増えてくるはずです。

（『超・絶対健康法』より）

「第三の死」から奇跡《きせき》の復活を遂《と》げた大川隆法総裁は、三年後の二〇〇七年一月一日、『復活の法』を上梓《じょうし》します。そして、同書をもとにしたセミナー（二〇〇七年一月二十七日）で、法話《ほうわ》「健康の復活」を説きました。

「人体には再生の力が宿っており、信仰《しんこう》の力が強くなってくると、驚《おどろ》くような奇跡がいろいろと起きてくる」という言葉どおりに、その後、信者たちの身に続々と奇跡が起きていきます。

同年六月から始まった全国支部巡錫《じゅんしゃく》では、巡錫先で病気が治る奇跡が次々と起き始めます。さらに「強力・病気平癒《へいゆ》祈願」など、精舎《しょうじゃ》や支部での祈願《きがん》による奇跡も続出し始めました。

奇跡体験

「正心法語《しょうしんほうご》」の祈《いの》りで、心肺停止の幼女が蘇生《そせい》

アフリカのウガンダ東部に位置するペリペリ村で、高熱によって息を引き取った1歳《さい》の幼女ロビナさんが、父親であるエロサニアさんの45分に及《およ》ぶ『正心法語《しょうしんほうご》』の祈《いの》りで息を吹《ふ》き返すという奇跡《きせき》が起きました。その奇跡を語り継《つ》ぐため、2021年3月14日、エル・カンターレ信仰《しんこう》の奇跡を伝える「奇跡の記念碑《きねんひ》」が建立《こんりゅう》され、多くの村民が信仰を捧《ささ》げています。

「奇跡の記念碑」中央には、
この奇跡が絵で表現されている。

末期の乳ガンが消えた！

末期の乳ガンで余命4カ月と宣告された私は、大川先生の御法話《ごほうわ》を拝聴《はいちょう》し、「ガンは自分の心がつくったもの。心の力で治そう」と決意。反省・感謝・精進《しょうじん》・祈《いの》りを実践《じっせん》したところ、9センチあったガンが小さくなり始め、精舎で祈願を受けると、ガン細胞はきれいに消えていたことが検査でわかりました。（神奈川県・50代・女性）

アトピー性皮膚炎《ひふえん》が治った！

私は、御法話《ごほうわ》「絶対健康法」を衛星中継《ちゅうけい》会場で拝聴《はいちょう》しました。御法話中、愛と癒《いや》しの光を感じ、大きな幸福感に包まれました。帰宅後、何気《なにげ》なく鏡を見ると、重度のアトピー性皮膚炎《ひふえん》で赤黒く腫《は》れ上がっていた顔がすっきりと治っていました。（三重県・50代・女性）

幸福を実現する
政治活動

「幸福実現党宣言」で「共産党宣言」を葬《ほうむ》る
日本と世界の幸福を実現する

幸福実現党のいちばんの売りは何かというと、結局、「先見性」です。「他の政党よりも、広く遠くまで物事が見えている」という自負があります。(「幸福実現党」についての質疑応答 より)

2009年4月30日 法話「幸福実現党宣言」

人を幸福に導く心の教えや、政治への指針を説き続けてきた大川総裁は、二〇〇九年五月、幸福実現党を立党します。一九八七年の法話《ほうわ》「愛の原理」(127ページ参照)での予告どおり、各分野での幸福化運動をスタートさせたのです。

立党時の法話「幸福実現党宣言」では、政治に進出する理由は「幸福の実現」であり、唯物論《ゆいぶつろん》によって世界を不幸にしたマルクスの『共産党宣言』と真逆の運動であると表明。「神仏の存在を認め、ユートピア社会を実現する」活動を開始。現在では、全国に地方議員を輩出しています。

同党は、宗教立国を成し遂げ、正義ある平和と自助努力による繁栄を実現すべく、活動を続けています。

Column

全体主義と戦う、大川隆法総裁の政治哲学の源流

大川総裁の政治改革の思想は、幸福実現党立党のはるか30年以上前の東大在学時に、すでにその原点となる思想の芽がありました。また、「大川隆法の守護霊霊言」では、大川総裁の政治改革の使命が、政党立党の本心とともに語られました。

東大法学部時代に練り込まれた大川総裁の政治思想とその源流

大川総裁は、東京大学法学部に在学中、米ソ冷戦や安保闘争をはじめとする国内外の政治情勢に関心を寄せるなかで、全体主義と戦い、「自由の創設」を目指すH･アレントの政治哲学等を研究し、政治に対する思想を深めていました。

「宗教家が政治活動を目指すと、一般に全体主義化すると考えられがちだが、私の場合は逆である。青春の日にアレントに接することで、当時のソ連邦と中国の未来と、日本の政治のあるべき姿を見通すことができたのだ。」(『大川隆法 思想の源流』あとがきより)

『大川隆法 思想の源流』には、東大時代に執筆した論文「H･アレントの『価値世界』について」が特別収録されている。

自身の守護霊が明かした大川総裁の政治への本心と使命

大川総裁の守護霊である仏陀･釈尊は、大川総裁が日本に生まれた使命として「①過去500年続く、白人による植民地支配の歴史の修正 ②中国等で現代も続いている共産主義思想の打破 ③イスラム教に含まれる、宗教と政治･経済の関係性についての教えの改革」の3つを明かしました。

「『中国的価値観のなかには、神仏の考える平等とは違うものがある。これには、天上界を地獄界に変えようとする勢力が働きかけている』ということを、はっきりと申し上げておきたい。(中略)自由と平等の戦いのように見えるかもしれないけれども、実際には、『神仏を信ずる者の勢力』と、『悪魔を信ずる者の勢力』との戦いであり、『第二の冷戦』が、今、行われているのだ。」(『大川隆法の守護霊霊言』より)

2013年に公開収録･発刊された『大川隆法の守護霊霊言』では、「仏国土ユートピア」実現のための宗教、政治改革の重要性が語られている。

徳育と知育を両立させる
教育革命

国家百年の計となる理想教育を具体化
幸福の科学学園を創立

幸福の科学は、みずからも信仰《しんこう》教育を掲《かか》げ、学校や仏法真《ぶっぽうしん》理《り》塾《じゅく》などの教育活動にも取り組んでいきたいと考えています。
（『生命の法』より）

「ザ・リバティ」2007年3月号に大川総裁が特別提言「いじめ処罰法」（原案）を発表。その6年後の2013年6月に「いじめ防止対策推進法」が成立する。

大川隆法総裁は、学校でのいじめ事件の深刻化や学校側の隠蔽《いんぺい》体質を憂慮《ゆうりょ》し、二〇〇六年十二月から教育をテーマにした法話《ほうわ》を連続して説きました。そして翌年、「いじめ処罰《しょばつ》法」（原案）を提言します。国会で「いじめ防止対策推進法」が成立したのはその六年後でした。

さらに大川総裁は、豊かな心を育《はぐく》む信仰《しんこう》を軸《じく》とした教育の理想の実現を求めて、「幸福の科学学園中学校・高等学校」の創立を構想。二〇一〇年に那須《なす》本校、三年後には関西校が開校しました。両校共に、学業や部活動で数多くの実績をあげ続けています。

こうして、「国家百年の計」といわれる教育分野の改革の動きも、着々と具現化していったのです。

2007年 「いじめ処罰《しょばつ》法」特別提言 いじめ防止団体を支援《しえん》

大川総裁は、いじめ解決には法制化が必要と訴《うった》え、「ザ・リバティ」2007年3月号に特別提言「いじめ処罰《しょばつ》法」（原案）を発表します。その6年後の2013年6月、「いじめ防止対策推進法」が成立しました。また、幸福の科学は2007年2月に「いじめから子供を守ろうネットワーク」（2013年一般財団法人化）の支援《しえん》を開始します。同団体は9000件を超《こ》えるいじめの相談を受け、その9割を解決に導いています。

2010年 中学校・高等学校（那須本校）開校

2009年12月1日、幸福の科学学園が栃木《とちぎ》県から設置認可を受けます。そして2010年4月、総本山《そうほんざん》・那須《なす》精舎《しょうじゃ》の境内《けいだい》に幸福の科学学園那須本校が開校。全寮《ぜんりょう》制の中高一貫《いっかん》校で、高度な知育と徳育を融合《ゆうごう》させ、社会に貢献《こうけん》する未来型リーダーの養成を開始しました。

2013年 関西中学校・高等学校（関西校）開校

2013年4月、滋賀《しが》県大津《おおつ》市に幸福の科学学園関西校が開校、那須本校に続く二校目の中高一貫校が開始しました。関西校では、企業家《きぎょうか》教育や医療者《いりょうしゃ》教育にも力を入れています。

幸福の科学学園の教育実績

幸福の科学学園は、開校からすぐに目覚ましい実績をあげています。学園生たちは大学合格や英検合格はもちろん、部活動にも著《いちじる》しい成果を見せています。

【教育の実績】
（那須本校・関西校　合計）

合格実績（2023年）
ハッピー・サイエンス・ユニバーシティ103名、東京大学2名、京都大学1名、和歌山県立医科大学（医・医）1名、早稲田大学17名ほか。

部活動実績
那須本校：中学チアダンス部世界大会優勝（2016年度）ほか。
関西校：未来科学部ロボカップ世界大会出場（2023年度）ほか。

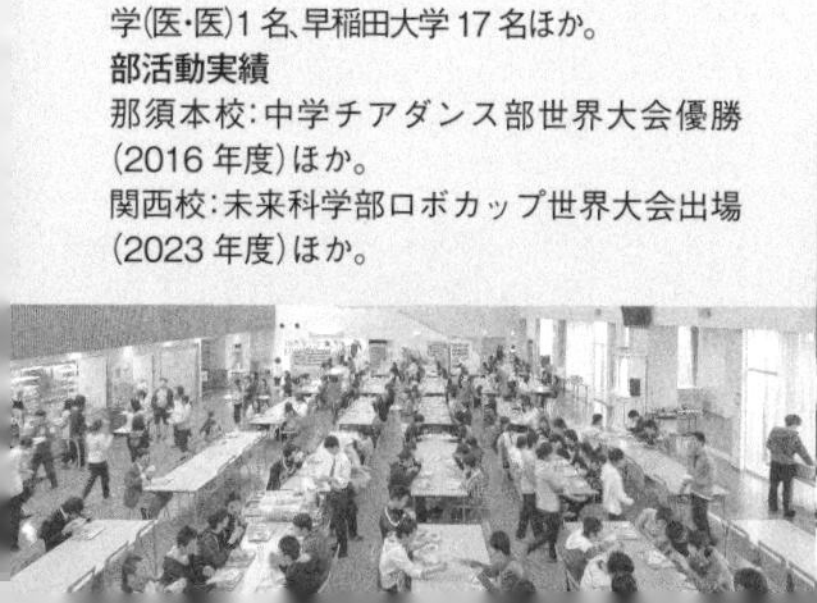

新文明の発信基地、ハッピー・サイエンス・ユニバーシティの創造

ＨＳＵは、新文明の源流でもある。
日本から始まる
教育革命の本流がここにある。
（『未知なるものへの挑戦』より）

多くの学生が学ぶHSU長生キャンパス。

二〇一二年四月、大川総裁は法話《ほうわ》「幸福の科学大学と未来社会」において、未来に求められる学問のあり方や人材について語ります。

二〇一五年四月一日、中学高等学校に続き、幸福の科学が運営する高等宗教研究機関、ハッピー・サイエンス・ユニバーシティ（ＨＳＵ）が千葉県長生郡長生村《ちょうせいぐんちょうせいむら》に開学しました。

ＨＳＵの試みは、「人間の幸福を実現する仏法真理《ぶっぽうしんり》」のもとに、「新しい学問を創造する」というものです。それを未来国家創造の基礎《きそ》とし、新文明の発信基地としていきたい――全世界の夢と希望としての試みがここに始まったのです。

2017年3月に落慶したHSU未来創造・東京キャンパス。未来創造学部の学生が学ぶ。

創造性、実用性に優《すぐ》れた4つの学部

人間幸福学部

人間学を学び、新時代を切り拓《ひら》くリーダーに

幸福の科学教学を中心に、人間の本質や真実の幸福について深く探究します。哲学《てつがく》、宗教学、心理学などの人文学、高い語学力、幅広《はばひろ》い教養を身につけ、国際舞台《ぶたい》で活躍《かつやく》できるリーダーや宗教家を輩出《はいしゅつ》します。

経営成功学部

企業《きぎょう》成功・国家繁栄《はんえい》を実現する起業家人材に

幸福の科学教学における経営・成功学をはじめ、経営学・会計学等を学び富と繁栄《はんえい》をもたらす経営を追究します。また実践《じっせん》的な学修で、実社会の問題を解決する能力を養い、世の中に貢献《こうけん》できる経営人材を養成します。

未来産業学部

新文明の源流を創造するチャレンジャーに

機械・電気電子・情報工学を中心に、物理学・化学・生物学などの理学、宇宙工学など先端《せんたん》技術を幅広《はばひろ》く習得。技術経営を学んで起業家精神を磨《みが》き、幸福の科学教学で創造力や発想力を高め、未来産業を開拓《かいたく》します。

未来創造学部

時代を変え、未来を創る主役に

政治学やジャーナリズム、芸能文化、芸術表現などを学び、「真《しん》・善《ぜん》・美《び》」に裏づけられた政治や文化の新モデルを探究・発信。「人の心をつかむ力」を研究し、各分野で活躍《かつやく》する徳ある人材を養成します。

ハッピー・サイエンス・ユニバーシティで行われている授業の様子。

大川総裁が手がけた映画作品は、
27作品以上

大川総裁が手がけた主な作品
①1994年公開
「ノストラダムス戦慄の啓示」
②2000年公開
「太陽の法」
③2020年公開
「夜明けを信じて。」
④2021年公開
「宇宙の法ーエローヒム編ー」
⑤2022年公開
「呪い返し師ー塩子誕生」

人々の心を潤《うるお》し、真実の世界観を伝える映画・楽曲を数多く製作

霊的真実を次々と伝える映画

一九九四年九月十日に公開された映画「ノストラダムス戦慄《せんりつ》の啓示《けいじ》」以降、大川総裁の製作総指揮・原作・企画《きかく》による劇場《げきじょう》用映画は二十七作品となります。人を幸せにする真実の人間観と世界観に満ち溢《あふ》れた映画で、公開ごとに観客動員数を伸《の》ばし、国内外のさまざまな映画賞を受賞し、高い評価を得ています。

一九九四年の第一作以降、三年に一作の製作・公開ペースでしたが、大川総裁が新復活を遂《と》げた二〇〇四年以後はさらに製作を重ねていきました。この数々の映画は、大川総裁の霊的世界観に根ざした宗教的テーマを通して、真実の生き方とは何かを問い続けています。

El Cantare 大川隆法 オリジナルソングス

【リリースされている楽曲の数々】

【詩集シリーズの楽曲の数々】

【幼児教育向け楽曲の数々】

天上界の波動を伝える楽曲群

大川総裁は映画のみならず、真理の教えを含《ふく》んだ数々の楽曲を「原曲」というかたちで世におろし、人々を幸福に導く普《ふ》遍《へん》的な「法」として、芸術的・感性的な面から人々の心を照らしています。原曲の数は四百五十曲を超《こ》え、ジャンルは映画のために作詞・作曲されたもののほか、若き日に綴《つづ》った詩篇《しへん》をもとにした詩集シリーズや、幼児教育向けに作られたシリーズなど多岐《たき》にわたります。

いずれの楽曲についても、「私が作詞・作曲等にかかわっているものはすべて天上界から受けたものなので、その旋律《せんりつ》のなかには『天上界の波動』が入っています」（『コロナ不況下のサバイバル術』より）と述べられているとおり、心を潤《うるお》す宗教的バイブレーションに満ちています。

入会で、講演会で、祈願《きがん》で、映画で——あらゆる機会に増え続ける奇跡《きせき》事例

祈願《きがん》を受けて

左目の機能が回復した!

昨年10月から左目の焦点《しょうてん》が合わず、物が二重に見えて困っていました。しかし、「機能再生祈願《きがん》」を受けると、体中に力がみなぎってきて、祈願直後、目が元通りになりました。

(神奈川県・60代・女性)

頭に9センチの釘《くぎ》が突き刺《さ》さったが、祈願《きがん》で無事生還《せいかん》した!

建設現場で機械の操作を誤り、9センチの釘《くぎ》が2本、頭の奥《おく》まで突《つ》き刺《さ》さりました。意識不明で病院に搬送《はんそう》。医師は家族に「後遺症《しょう》が残らない可能性はゼロ。脳内《のうない》出血を起こし脳死になる」と告げました。しかし、会社の会長や社長が「強力・病気平癒祈願《へいゆきがん》」などを受けてくださると、脳内出血も起こらず、手術は無事成功。後遺症もなく、2カ月後には仕事に復帰できました。　(鹿児島県・40代・男性)

壊死《えし》して落ちた足の指が再生した!

私の主人は重度の糖尿《とうにょう》病を患《わずら》っていて、昨年、左足の薬指が壊死《えし》したため、膝下《ひざした》の切断手術を勧《すす》められました。そこで、「病気根絶祈願《きがん》」などを受け、主人は日々、主への感謝と反省を深めました。すると、壊死して関節からなくなっていた薬指が再生し、4カ月で元通りになり、手術の必要もなくなりました。「絶対にありえない!」と医師は絶句していました。　(愛知県・50代・女性)

天変地異《てんぺんちい》

津波《つなみ》が町を避《さ》けて通り過ぎた!

2011年に起きた東日本大震災《だいしんさい》では千葉県太平洋沿岸も被害《ひがい》を受け、地震の揺《ゆ》れや津《つ》波《なみ》によって多数の家屋全壊《かおくぜんかい》や床上浸水《ゆかうえしんすい》がありました。千葉県長生村《ちょうせいむら》にも、大津波警報が発令されましたが、幸福の科学の大型精舎《しょうじゃ》・千葉正心館《しょうしんかん》が建つ長生村と近隣《きんりん》の町だけを避《さ》けるように津波は通過していきました。

津波返しの奇跡を後世に伝えるために、2013年1月、千葉正心館の境内に「感謝の記念碑」が建立された。

講演会に参加して

重度の円形脱毛症《だつもうしょう》が治った!

昨年10月、円形脱毛症《だつもうしょう》になりました。最初は数センチほどでしたが、やがて頭髪《とうはつ》の8割が抜《ぬ》けてしまいました。しかし、大川総裁の講演会「信じる力」に参加したところ、その日を境に髪《かみ》が生《は》えはじめ、今ではすっかり生え揃《そろ》いました。（大分県・40代・女性）

失明した左目の視力が回復した!

子供のときに事故で左目の視力をほぼ失い、結婚《けっこん》後、夫の暴力で右目も失明しました。その後、縁《えん》あって大川総裁の法話《ほうわ》を衛星中《ちゅう》継《けい》で拝聴《はいちょう》中、突如《とつじょ》、左目が見えるようになりました。今では、暗い場所でも物が見えます。（兵庫県・80代・女性）

経文《きょうもん》を読んで

『正心法語《しょうしんほうご》』を読誦《どくじゅ》して
難病が完治!

2006年に肺炎《はいえん》のため緊急《きんきゅう》入院。医師から、突発《とっぱつ》性間質性肺炎と診断されました。原因不明の難病で、発症《はっしょう》後の余命5～6年と言われました。大学病院への転院まで自宅待機となり、その間に『正心法語《しょうしんほうご》』を毎朝晩、読誦《どくじゅ》しました。また人間関係も反省しました。1週間後、医師が診《み》ると「治っている!」と驚《おどろ》かれ、さらに読誦を続けてその1週間後、再び医師が診断《しんだん》して「完治している!」と大変驚いていました。（徳島県・60代・男性）

映画を観《み》て

「椎間板《ついかんばん》ヘルニア」が完治!

私は「椎間板《ついかんばん》ヘルニア」を患《わずら》い、腰痛《ようつう》に悩《なや》まされていたとき、映画「UFO学園の秘密」を観《み》に行きました。それまでは座《すわ》っているのもつらかったのですが、映画終了後、腰《こし》が楽になっていることに気づいたのです。そこで続けて観ると、完全に痛みがなくなって完治しました! 本当に驚《おどろ》きです。（熊本県・50代・女性）

金粉《きんぷん》現象

講演会場で「金粉」が降り注ぐ

2018年12月、大川総裁は「奇跡《きせき》を起こす力」と題して法話《ほうわ》を説き、今後、幸福の科学に今まで以上の奇跡が起きると宣言しました。その言葉どおり、当日の本会場（千葉県・幕張《まくはり》メッセ）の舞台《ぶたい》近くの床《ゆか》に金粉《きんぷん》が降りました。

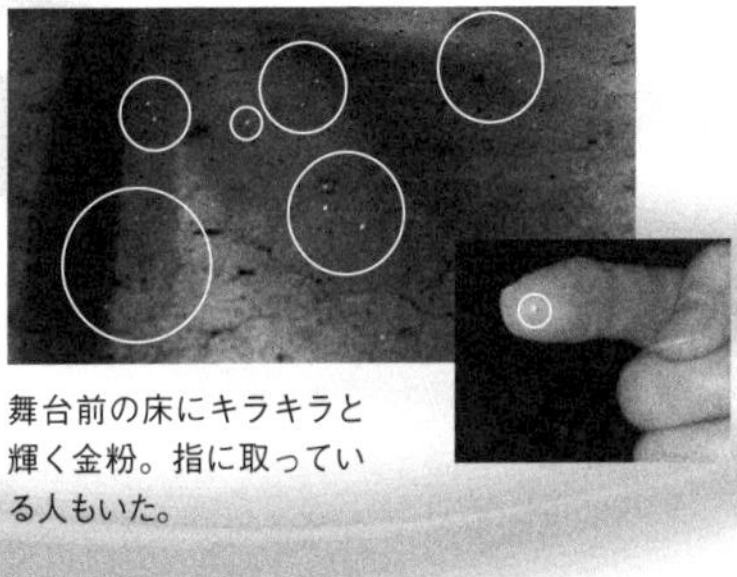

舞台前の床にキラキラと輝く金粉。指に取っている人もいた。

欧《おう》米《べい》キリスト教圏《けん》に広がる幸福の科学

今の私の思いは、
「不惜身命《ふしゃくしんみょう》、
地の果てまでも伝道あるのみ」
ということです。
みなさんの力を借り、
ただただ、世界の果てまで、
この教えを伝えたいのです。
（『救世の法』より）

初の海外説法《せっぽう》となる二〇〇七年のハワイ支部巡錫《じゅんしゃく》以降、大川総裁は、アメリカ、ヨーロッパ、ブラジルと、キリスト教圏《けん》を訪《おとず》れ、その先々で、信者から熱狂《ねっきょう》的に迎《むか》えられました。

十年以上にわたる欧米《おうべい》キリスト教圏伝道において、歴史的な説法が、二〇一六年のニューヨーク巡錫でした。折しも米大統領選前で、大川総裁は当時劣勢《れっせい》だった共和党のドナルド・トランプ氏を強力に支持。その後、アメリカの信者たちも活動し、トランプ氏が勝利したのです。

「未来は私の言葉の延長線上に必ず開ける」という大川総裁の言葉を日米の信者が目《ま》の当たりにできた歴史的一コマでした。

アメリカで説法《せっぽう》が TV放映

2016年、ニューヨーク巡錫《じゅんしゃく》に先立ち、大川総裁の法話《ほうわ》が全米4大ネットワークの一つ、FOX《フォックス》系列の「FOX5 TV」で8週にわたり、放映されました。

米大統領選に影響《えいきょう》を与《あた》えた NY講演

2016年10月2日、大川総裁はニューヨーク講演で、「次期大統領にはトランプ氏が望ましい」と述べました。その後、アメリカ信者の選挙活動が激化、トランプ氏が逆転勝利しました。

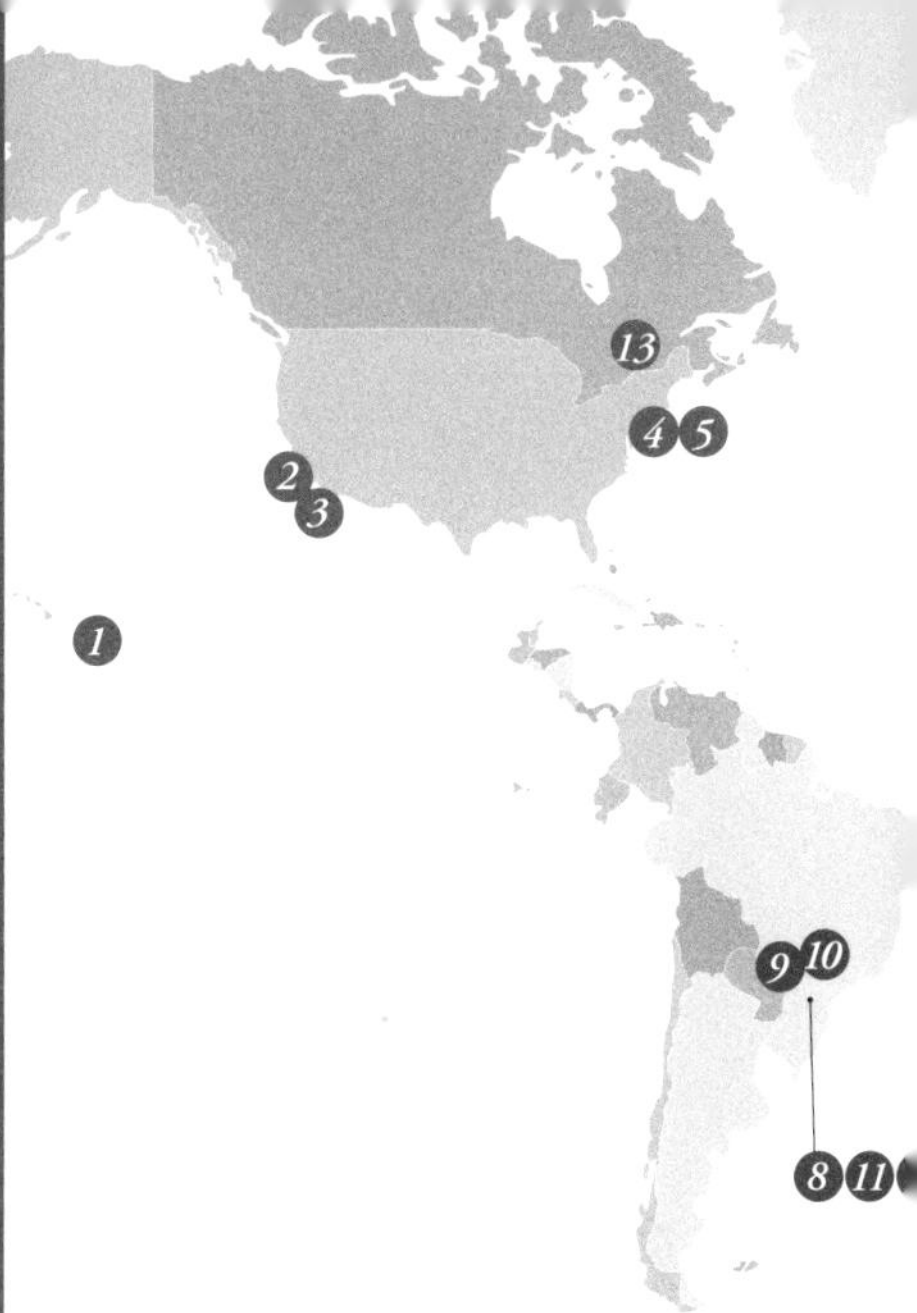

アメリカ

1 2007.11.18 ハワイ
"BE POSITIVE"

2 2008.3.21 サンフランシスコ
"ON HAPPINESS"

3 2008.3.23 ロサンゼルス
"HAPPY ATTITUDE"

4 2008.9.28 ニューヨーク
"THE WAY TO SUCCESS"

5 2016.10.2 ニューヨーク
"FREEDOM,JUSTICE,AND HAPPINESS"

イギリス

6 2008.7.27 ロンドン
"WHAT IS REAL LIFE?"

ドイツ

7 2018.10.7 ベルリン
"LOVE FOR THE FUTUR

ブラジル

8 2010.11.7 サンパウロ
神秘の力について

9 2010.11.9 ソロカバ
常勝思考の力

10 2010.11.10 ジュンジャイ
幸福への道

11 2010.11.12 サンパウロ
真実への目覚め

12 2010.11.14 サンパウロ
愛と天使の働き

カナダ

13 2019.10.6 トロント
"THE REASON WE ARE HERE"

幸福の教えを広げる
全世界巡錫

「自由・民主・信仰《しんこう》」を全世界へ 覇権《はけん》主義中国の包囲網《ほういもう》の強化へ

アジア太平洋圏《けん》の自由な世界を護《まも》ることは、世界にとってもプラスであると考えていますし、そうした価値観が中国本土のほうにも波及《はきゅう》することを望んでいます。

（『愛は憎しみを超えて』より）

大川総裁の説法《せっぽう》を聴《き》こうと最前列を占《し》めた僧侶《そうりょ》たち（2011年、インド・ブッダガヤ）。

無神論と唯物論《ゆいぶつろん》のもとに覇権《はけん》主義を取る中国に対して、大川隆法総裁は「自由・民主・信仰《しんこう》」で中国を包囲《ほうい》するコンテイニング・チャイナ（中国包囲網《もう》）戦略を二〇〇八年から起動させました。

インドやウガンダ、ネパールでは、マスメディアが取材し、速報として国内外に伝えるなど、大川総裁の来訪をビッグニュースとして報じました。

そのほかにも、香港《ホンコン》、台湾《たいわん》、フィリピン・マレーシア等に巡錫《じゅんしゃく》。その三年後に、法話《ほうわ》の方向性を地で行く「雨傘《あまがさ》革命」が起きるなど、大川総裁の説法《せっぽう》は着実に中国の覇権主義を抑止《よくし》する楔《くさび》を打ち込《こ》んでいます。

インド・ブッダガヤ講演を報じるアージ紙(2011年)。

フィリピン・アンティポロ講演を報じるAbante紙(2011年)。

新聞やTVが大川総裁の講演を取材

ウガンダ・カンパラ講演を取材するTV局と放映したニュース番組(2012年)。

蔡英文《さいえいぶん》総統の再選を後押《あとお》しした台湾《たいわん》講演

2019年、台湾巡錫で台湾の自由を護りぬくことの大切さを主張し、その後、蔡英文氏は総統選で再選。「台湾防衛」の重要性について日本国内の世論にも影響を与えた。

韓国

1 2008.6.15 ソウル
信じ合う心

台湾

2 2008.11.9 台北
仏国土ユートピアの実現

3 2019.3.3 台北
愛は憎しみを超えて

オーストラリア

4 2009.3.29 シドニー
"YOU CAN BE THE PERSON YOU WANT TO BECOME"

5 2012.10.14 シドニー
"ASPIRATIONS FOR THE FUTURE WORLD"

インド

6 2011.2.27 デリー
"FAITH AND LOVE"

7 2011.3.2 ムンバイ
"HOW TO SUCCEED IN LIFE"

8 2011.3.6 ブッダガヤ
"THE REAL BUDDHA AND NEW HOPE"

ネパール

9 2011.3.4 カトマンズ
"LIFE AND DEATH"

フィリピン

10 2011.5.21 アンティポロ
"LOVE AND SPIRITUAL POWER"

香港

11 2011.5.22
"THE FACT AND THE TRUTH"

シンガポール

12 2011.9.15
"HAPPINESS AND PROSPERITY"

マレーシア

13 2011.9.18 クアラルンプール
"THE AGE OF MERCY"

スリランカ

14 2011.11.6 スリ・ジャヤワルダナプラ・コッテ
"THE POWER OF NEW ENLIGHTENMENT"

ウガンダ

15 2012.6.23 カンパラ
"THE LIGHT OF NEW HOPE"

宇宙人
リーディング

地球に影響《えいきょう》を与《あた》える多様な宇宙人。その目的を調査し、地球人の使命を探《さぐ》る。

世界各地に出現するUFO（未確認飛行物体）や宇宙人の実態を探《さぐ》るべく、二〇一〇年から大川総裁は新たに宇宙人リーディングを開始します。

その結果、地球に来ている宇宙人たちの目的が分かってきました。地球は「魂《たましい》修行《しゅぎょう》」の場として最適であるため、宇宙人の関心が高く、地球侵略《しんりゃく》を狙《ねら》う悪質な宇宙人も存在することが明らかになりました。UFO先進国であるアメリカなども知りえない宇宙人情報が幸福の科学には蓄積《ちくせき》されつつあり、日本は今、UFO後進国から脱却《だっきゃく》しようとしています。二〇一八年からはUFOリーディングも始まり、宇宙と霊界《れいかい》の新たな関係も浮《う》かびつつあります。

ングによって
なったこと

目的1 地球防衛

地球という「魂修行《たましいしゅぎょう》」の場を護《まも》るため、さまざまな宇宙人が同盟を組み、戦争や悪質宇宙人の侵入《しんにゅう》を防ごうと尽力《じんりょく》しています。

目的2 地球神の教えを学びに

多くの宇宙人が地球神エル・カンターレの説法《せっぽう》を聴《き》き、母星に中継《ちゅうけい》しています。多様な宇宙人が地球神の「愛の教え」を学ぶために地球に移住してきています。

目的3 地球移住

宇宙人たちは何億年も前から地球に飛来し、地球での転生《てんしょう》を繰《く》り返しています。このような宇宙人の魂《たましい》を持つ地球人は、地球人口の3～4割に達していて、現在発見されている宇宙人は500種に及《およ》びます。

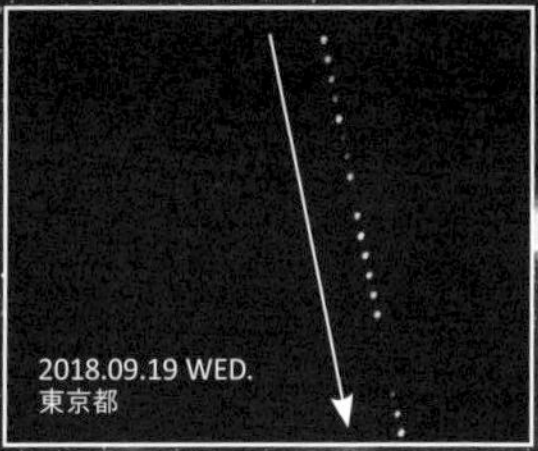

マゼラン星雲β星からのUFO。
撮影開始3分20秒後から10秒ごとに、発光体の位置が変化している。

大犬座サザン星からのUFO。

目的5 地球侵略《しんりゃく》

地球人を「餌《えさ》」にしようと企《たくら》む、悪質レプタリアン（爬虫類《はちゅうるい》型宇宙人）が存在しています。彼らは現在、中国の指導者に働きかけていることも明らかになっています。

宇宙人リーディ
明らかに

目的4 地球の調査

複数の宇宙人が地球人の生態を調査しています。宇宙人はアブダクション（誘拐《ゆうかい》）をして、人体実験などを行《おこな》っていることが判明しています。

UFOリーディング

UFOを撮影《さつえい》している最中や、撮影されたUFOの動画や画像を見ながら、霊能力《れいのうりょく》によって、UFOのなかにいる搭乗員《とうじょういん》と対話し、その目的や周辺情報などを聞き出す手法。

宇宙人リーディング

地球人の魂《たましい》の奥にある記憶《きおく》を、数万年、数十万年、数百万年と遡《さかのぼ》って読み取り、「宇宙人だったころの意識」をよみがえらせて対話する能力です。その際、宇宙人の魂は、大川総裁の言語中枢《ちゅうすう》から必要な言葉を選び、日本語で語ることも可能です。

リモート・ビューイング

大川総裁の霊体《れいたい》の一部を、月の裏側や米軍基地「エリア51」など、特定の場所に飛ばし、その場の状況を視《み》てくることができる能力です。六大神通力《ろくだいじんつうりき》※の「神足通《じんそくつう》」と「天眼通《てんげんつう》」を組み合わせた霊能力です。

タイムスリップ・リーディング

「鎌倉《かまくら》時代の日本」や「22世紀の地球」など、調べたい時代や地域に時間と空間の座標軸《じく》を合わせ、過去や未来の様子を透《とう》視《し》する能力です。

※六大神通力《ろくだいじんつうりき》とは、天眼《てんげん》、天耳《てんに》、他心《たしん》、宿命《しゅくみょう》、神足《じんそく》、漏尽《ろじん》の、六つの超人《ちょうじん》的な力のこと。六神通《ろくじんずう》。『太陽の法』（幸福の科学出版刊）第4章参照。

今、地球人の魂《たましい》のルーツを探す旅が始まった。そして、この作業は地球の未来文明のあるべき姿をも予告するものとなろう。

（『宇宙人リーディング』あとがきより）

宇宙人リーディングを行う大川隆法総裁。2010年3月16日、東京都・幸福の科学総合本部にて。

地球に自由・民主・信仰《しんこう》を広げ 人権侵害《しんがい》・全体主義・宗教弾圧《だんあつ》をなくそう

中国やその近隣《きんりん》諸国において人権侵害《しんがい》が数多く行われていたら、そこに、「自由」「民主」「信仰《しんこう》」を打ち込《こ》み、さらに、「地球的に一つにまとまることができるような教え」を広げることによって、地球人としての共通のベースをつくらなくてはなりません。（『青銅の法』より）

大川総裁は宇宙人リーディングなどによって、世界紛争《ふんそう》の背後に、宇宙人の影響《えいきょう》があることを明らかにしています。

北朝鮮《きたちょうせん》や中国など、激しい人権侵害《しんがい》が行われている国には、「弱い者は滅《ほろ》ぼしてよい」とする闇宇宙の思想や、レプタリアン（爬《は》虫類《ちゅうるい》型宇宙人）的な思想が浸透《しんとう》していて、地球を侵略しようとする悪の勢力と地球を護《まも》ろうとする光の勢力が存在することなどが分かってきました。こうした事実は、大川総裁の高度な霊能力《れいのうりょく》によって初めて明らかになったものです。

人類が真に融和《ゆうわ》し合える世界をつくるために、大川総裁は宇宙時代に向けた「新しい地球的仏法真理《ぶっぽうしんり》」を説き続けています。

大宇宙の根本仏《こんぽんぶつ》
The Primordial Buddha
地球神
エル・カンターレ
El Cantare
Light Side
Dark Side
地球に影響《えいきょう》を
与《あた》える宇宙人勢力
侵略側勢力
アーリマン、
カンダハール etc.
防衛側勢力
メタトロン、ヤイドロン、
R・A・ゴール etc.
宗教
人も世界も
不幸にする
唯物論・無神論
地球を
一つにする教え
信仰・愛・悟り・
ユートピア建設
政治・経済
マルクス主義
全体主義
自由・民主・信仰
学問・教育
科学万能主義
の学問と教育
信仰に基づく
学問と教育
光を広げる
文化事業

われ、仏法のために、身命《しんみょう》を惜《お》しまず

私は、自分の執務《しつむ》室に「不惜身命《ふしゃくしんみょう》」と書いて貼《は》っています。

「不惜身命」には、二通りの意味があります。
弟子《でし》が「不惜身命」と言う場合には、
「仏陀《ぶっだ》のために、この体も命も惜《お》しまない。もちろん、財産も惜しまない」
というような気持ちのことをいいます。
仏陀が「不惜身命」と言う場合は、
「仏法のために、身命を惜しまない」という意味です。

だから、私は、今、「大川隆法、最後の戦い」と思い、

「一日一生《いちにちいっしょう》」のつもりでやっています。
「どこで事切《ことき》れたとしても構わない」と思って※巡錫《じゅんしゃく》をしているのです。
私は「不惜身命」でやっています。
私も命懸《が》けですから、みなさんも命懸けでやってください。

「今、世界のなかに、幸福の科学以上の宗教はない。
世界最高の宗教は世界最高になるべきだ」と思っているので、必ずそうなります。
念いは必ず実現します。この言葉は必ず実現します。
時間は十年、二十年、三十年とかかるかもしれませんが、
「必ず世界一の宗教になる」と、私は信じて疑いません。
「世界一になるまでやめるな。子々孫々《ししそんそん》、戦い続けよ」
――これが、私からみなさんへのメッセージです。

（二〇〇七年七月三日 世田谷支部精舎での法話後の「信者との対話」より）

『新復活』関連書籍

『成功の法』(大川隆法 著　幸福の科学出版刊)
『病を乗り切るミラクルパワー』(同右)
『フランクリー・スピーキング』(同右)
『愛は憎しみを超えて』(同右)
『現代の法難①』(同右)

※左記は書店では取り扱っておりません。最寄りの精舎・支部・拠点までお問い合わせください。
『心の指針』シリーズ(大川隆法 著　宗教法人幸福の科学刊)
『About *An Unshakable Mind*』(同右)
『Be Positive』(同右)

新復活《しんふっかつ》

――医学の「常識」を超えた奇跡の力――

2019年9月3日　初版第1刷
2023年5月25日　第4刷

著者　大《おお》川《かわ》隆《りゅう》法《ほう》

発行所　幸福の科学出版株式会社

〒107-0052 東京都港区赤坂2丁目10番8号
TEL(03)5573-7700
https://www.irhpress.co.jp/

印刷・製本　株式会社 堀内印刷所

落丁・乱丁本はおとりかえいたします

ISBN978-4-8233-0105-6 C0014

p.142,159,160,165 アフロ／ p.165 pixta
p.136 styleuneed.de/Krivosheev Vitaly/Nejron Photo/Africa Studio
p.137 paulaphoto/Annette Shaff/Zieusin/Oorka/Takayuki/Rin Seiko/Chuyuss
p.138,139 Krivosheev Vitaly ／ p.165 Kaliva/Everett Historical/Hung Chung Chih
以上、shtterstock.com
装丁・イラスト・写真（上記・パブリックドメインを除く）© 幸福の科学

大川隆法 ベストセラーズ・復活の奇跡

イエス・キリストの霊言

映画「世界から希望が消えたなら。」で描かれる「新復活の奇跡」

イエスが明かす、大川隆法総裁の身に起きた奇跡。エドガー・ケイシーの霊言、先端医療の医師たちの守護霊霊言、映画原作ストーリー、トルストイの霊示も収録。

1,540円

公開霊言　ギリシャ・エジプトの古代神

オフェアリス神の教えとは何か

全智全能の神・オフェアリス神の姿がついに明らかに。復活神話の真相や信仰と魔法の関係など、現代人が失った神秘の力を呼び覚ます奇跡のメッセージ。

1,540円

ザ・ヒーリングパワー

病気はこうして治る

ガン、心臓病、精神疾患、アトピー……。スピリチュアルな視点から「心と病気」のメカニズムを解明。この一冊があなたの病気に奇跡を起こす！

1,650円

※表示価格は税込10％です。

大川隆法 ベストセラーズ・人生の悩みへのヒント

エル・カンターレ 人生の疑問・悩みに答える 幸せな家庭をつくるために

夫婦関係、妊娠・出産、子育て、家族の調和や相続・供養に関するＱＡ集。人生の節目で出合う家族問題解決のための「スピリチュアルな智慧」が満載！

1,760円

人生への言葉

幸福をつかむ叡智がやさしい言葉で綴られた書き下ろし箴言集。「真に賢い人物」に成長できる、あなたの心を照らす100のメッセージ。

1,540円

人格をつくる言葉

人生の真実を短い言葉に凝縮し、あなたを宗教的悟りへと導く、書き下ろし箴言集。愛の器を広げ、真に魅力ある人となるための100の指針。

1,540円

※表示価格は税込10%です。

大川隆法ベストセラーズ・現代の救世主の姿に迫る

信仰の法

地球神エル・カンターレとは

さまざまな民族や宗教の違いを超えて、地球をひとつに──。文明の重大な岐路に立つ人類へ、「地球神」からのメッセージ。

2,200円

メシアの法

「愛」に始まり「愛」に終わる

「この世界の始まりから終わりまで、あなた方と共にいる存在、それがエル・カンターレ」──。現代のメシアが示す、本当の「善悪の価値観」と「真実の愛」。

2,200円

短詩型・格はいく集

①『魔境《まきょう》の中の光』
②『一念三千書《いちねんさんぜんしょ》を超える』
③『神は詩《うた》う』 ④〈不惜身命《ふしゃくしんみょう》の姿・特別編〉

①

②

③

④

五・七・五の定型にこだわらない、思いを言い切る「格はいく」。日々の出来事に隠された驚くべき「霊的秘密」、そして著者の「本心」が綴られる。

①②③ 各 1,980円 ④ 1,430円

幸福の科学グループのご案内

宗教、教育、政治、出版などの活動を通じて、地球的ユートピアの実現を目指しています。

幸福の科学

一九八六年に立宗。信仰の対象は、地球系霊団の最高大霊、主エル・カンターレ。世界百六十八カ国以上の国々に信者を持ち、全人類救済という尊い使命のもと、信者は、「愛」と「悟り」と「ユートピア建設」の教えの実践、伝道に励んでいます。

（二〇二三年五月現在）

愛

幸福の科学の「愛」とは、与える愛です。これは、仏教の慈悲《じひ》や布施《ふせ》の精神と同じことです。信者は、仏法真理をお伝えすることを通して、多くの方に幸福な人生を送っていただくための活動に励んでいます。

悟り

「悟り」とは、自らが仏の子であることを知るということです。教学《きょうがく》や精神統一によって心を磨き、智慧《ちえ》を得て悩みを解決すると共に、天使・菩薩《ぼさつ》の境地を目指し、より多くの人を救える力を身につけていきます。

ユートピア建設

私たち人間は、地上に理想世界を建設するという尊い使命を持って生まれてきています。社会の悪を押しとどめ、善を推し進めるために、信者はさまざまな活動に積極的に参加しています。

国内外の世界で貧困や災害、心の病で苦しんでいる人々に対しては、現地メンバーや支援団体と連携して、物心両面にわたり、あらゆる手段で手を差し伸べています。

年間約２万人の自殺者を減らすため、全国各地で街頭キャンペーンを展開しています。

公式サイト **www.withyou-hs.net**

自殺防止相談窓口

受付時間　火～土:10～18時（祝日を含む）

TEL **03-5573-7707** メール **withyou-hs@happy-science.org**

ヘレン・ケラーを理想として活動する、ハンディキャップを持つ方とボランティアの会です。視聴覚障害者、肢体不自由な方々に仏法真理を学んでいただくための、さまざまなサポートをしています。

公式サイト **www.helen-hs.net**

入会のご案内

幸福の科学では、大川隆法総裁が説く仏法真理《ぶっぽうしんり》をもとに、「どうすれば幸福になれるのか、また、他の人を幸福にできるのか」を学び、実践しています。

入会

仏法真理を学んでみたい方へ

大川隆法総裁の教えを信じ、学ぼうとする方なら、どなたでも入会できます。入会された方には、『入会版「正心法語《しょうしんほうご》」』が授与されます。

入会ご希望の方はネットからも入会申し込みができます。

happy-science.jp/joinus

三帰《さんき》誓願《せいがん》

信仰をさらに深めたい方へ

仏弟子としてさらに信仰を深めたい方は、仏《ぶっ》・法《ぽう》・僧《そう》の三宝《さんぽう》への帰依を誓う「三帰誓願式」を受けることができます。三帰誓願者には、『仏説・正心法語』『祈願文《きがんもん》①』『祈願文②』『エル・カンターレへの祈り』が授与されます。

幸福の科学 サービスセンター
TEL 03-5793-1727
受付時間／火～金:10～20時　土・日祝:10～18時（月曜を除く）

幸福の科学 公式サイト
happy-science.jp

ハッピー・サイエンス・ユニバーシティ
Happy Science University

ハッピー・サイエンス・ユニバーシティとは

ハッピー・サイエンス・ユニバーシティ（HSU）は、
大川隆法総裁が設立された「日本発の本格私学」です。
建学の精神として「幸福の探究と新文明の創造」を掲げ、
チャレンジ精神にあふれ、新時代を切り拓く人材の輩出を目指します。

人間幸福学部　経営成功学部　未来産業学部

HSU長生キャンパス　TEL　**0475-32-7770**
〒299-4325　千葉県長生郡長生村一松丙 4427-1

未来創造学部

HSU未来創造・東京キャンパス
TEL　**03-3699-7707**
〒136-0076　東京都江東区南砂2-6-5　公式サイト　**happy-science.university**

学校法人 幸福の科学学園

学校法人 幸福の科学学園は、幸福の科学の教育理念のもとにつくられた教育機関です。人間にとって最も大切な宗教教育の導入を通じて精神性を高めながら、ユートピア建設に貢献する人材輩出を目指しています。

幸福の科学学園
中学校・高等学校（那須本校）
2010年4月開校・栃木県那須郡（男女共学・全寮制）
TEL　**0287-75-7777**　公式サイト　**happy-science.ac.jp**

関西中学校・高等学校（関西校）
2013年4月開校・滋賀県大津市（男女共学・寮及び通学）
TEL　**077-573-7774**　公式サイト　**kansai.happy-science.ac.jp**

仏法真理塾「サクセスNo.1」

全国に本校・拠点・支部校を展開する、幸福の科学による信仰教育の機関です。小学生・中学生・高校生を対象に、信仰教育・徳育にウエイトを置きつつ、将来、社会人として活躍するための学力養成にも力を注いでいます。

TEL 03-5750-0751（東京本校）

エンゼルプランV

東京本校を中心に、全国に支部教室を展開。信仰をもとに幼児の心を豊かに育む情操教育を行い、子どもの個性を伸ばして天使に育てます。

TEL 03-5750-0757（東京本校）

エンゼル精舎

乳幼児が対象の、託児型の宗教教育施設。エル・カンターレ信仰をもとに、「皆、光の子だと信じられる子」を育みます。
（※参拝施設ではありません）

不登校児支援スクール「ネバー・マインド」

TEL 03-5750-1741

心の面からのアプローチを重視して、不登校の子供たちを支援しています。

ユー・アー・エンゼル！（あなたは天使！）運動

障害児の不安や悩みに取り組み、ご両親を励まし、勇気づける、障害児支援のボランティア運動を展開しています。

一般社団法人 ユー・アー・エンゼル
TEL 03-6426-7797

NPO活動支援

いじめから子供を守ろうネットワーク

学校からのいじめ追放を目指し、さまざまな社会提言をしています。また、各地でのシンポジウムや学校への啓発ポスター掲示等に取り組む一般財団法人「いじめから子供を守ろうネットワーク」を支援しています。

公式サイト mamoro.org　ブログ blog.mamoro.org
相談窓口 TEL.03-5544-8989

幸福の科学

百歳まで生きる会～いくつになっても生涯現役～

「百歳まで生きる会」は、生涯現役人生を掲げ、友達づくり、生きがいづくりを通じ、一人ひとりの幸福と、世界のユートピア化のために、全国各地で友達の輪を広げ、地域や社会に幸福を広げていく活動を続けているシニア層（55歳以上）の集まりです。

【サービスセンター】TEL 03-5793-1727

シニア・プラン21

「百歳まで生きる会」の研修部門として、心を見つめ、新しき人生の再出発、社会貢献を目指し、セミナー等を開催しています。

【サービスセンター】TEL 03-5793-1727

幸福実現党

内憂外患《ないゆうがいかん》の国難に立ち向かうべく、2009年5月に幸福実現党を立党しました。創立者である大川隆法党総裁の精神的指導のもと、宗教だけでは解決できない問題に取り組み、幸福を具体化するための力になっています。

幸福実現党 党員募集中

あなたも幸福を実現する政治に参画しませんか。

＊申込書は、下記、幸福実現党公式サイトでダウンロードできます。
住所：〒107-0052
東京都港区赤坂2-10-8 6階 幸福実現党本部

TEL 03-6441-0754　FAX 03-6441-0764
公式サイト hr-party.jp

HS政経塾

大川隆法総裁によって創設された、「未来の日本を背負う、政界・財界で活躍するエリート養成のための社会人教育機関」です。既成の学問を超えた仏法真理を学ぶ「人生の大学院」として、理想国家建設に貢献する人材を輩出するために、2010年に開塾しました。現在、多数の市議会議員が全国各地で活躍しています。

TEL 03-6277-6029
公式サイト hs-seikei.happy-science.jp

出版 メディア 芸能文化 幸福の科学グループ

幸福の科学出版

大川隆法総裁の仏法真理の書を中心に、ビジネス、自己啓発、小説など、さまざまなジャンルの書籍・雑誌を出版しています。他にも、映画事業、文学・学術発展のための振興事業、テレビ・ラジオ番組の提供など、幸福の科学文化を広げる事業を行っています。

アー・ユー・ハッピー？
are-you-happy.com

ザ・リバティ
the-liberty.com

幸福の科学出版
TEL **03-5573-7700**
公式サイト **irhpress.co.jp**

THE FACT

YouTubeにて
随時好評
配信中！

ザ・ファクト
マスコミが報道しない
「事実」を世界に伝える
ネット・オピニオン番組

ザ・ファクト 検索

NEW STAR PRODUCTION

ニュースター・プロダクション

「新時代の美」を創造する芸能プロダクションです。多くの方々に良き感化を与えられるような魅力あふれるタレントを世に送り出すべく、日々、活動しています。 公式サイト **newstarpro.co.jp**

ARI《アリ》 Production《プロダクション》

タレント一人ひとりの個性や魅力を引き出し、「新時代を創造するエンターテインメント」をコンセプトに、世の中に精神的価値のある作品を提供していく芸能プロダクションです。 公式サイト **aripro.co.jp**

大川隆法　講演会のご案内

大川隆法総裁の講演会が全国各地で開催されています。講演のなかでは、毎回、「世界教師」としての立場から、幸福な人生を生きるための心の教えをはじめ、世界各地で起きている宗教対立、紛争、国際政治や経済といった時事問題に対する指針など、日本と世界がさらなる繁栄の未来を実現するための道筋が示されています。

2022年7月7日 さいたまスーパーアリーナ
「甘い人生観の打破」

2019年7月5日 福岡国際センター
「人生に自信を持て」

2019年10月6日 ザ ウェスティン ハーバーキャッスル トロント(カナダ)
「The Reason We Are Here」

2011年3月6日 カラチャクラ広場(インド)
「The Real Buddha and New Hope」

2019年3月3日 グランド ハイアット 台北(台湾)
「愛は憎しみを超えて」

講演会には、どなたでもご参加いただけます。
最新の講演会の開催情報はこちらへ。 ⟹ 大川隆法総裁公式サイト https://ryuho-okawa.org